Karl Theodor Heigel

Der Übergang des Herzogthums Bayern

vom Geschlechte der Welfen an das Haus Wittelsbach 1180

Karl Theodor Heigel

Der Übergang des Herzogthums Bayern
vom Geschlechte der Welfen an das Haus Wittelsbach 1180

ISBN/EAN: 9783743646032

Hergestellt in Europa, USA, Kanada, Australien, Japan

Cover: Foto ©ninafisch / pixelio.de

Weitere Bücher finden Sie auf **www.hansebooks.com**

Der Uebergang

des Herzogthums Bayern

vom

Geschlechte der Welfen

an das

Haus Wittelsbach.

1180.

Inaugural-Abhandlung

von

Carl Theodor Heigel.

München.
1867.

Aus der demnächst im J. G. Cotta'schen Verlag erscheinenden Schrift: „Das Herzogthum Bayern zur Zeit Heinrichs des Löwen und Ottos I. von Wittelsbach", von C. Th. Heigel und S. D. Riezler.

Druck von Joseph Deschler, Utzschneiderstraße 5.

Wilhelm von Giesebrecht

in dankbarer Verehrung

gewidmet.

1.

Stellung der bayerischen Großen zu Kaiser Friedrich I. um das Jahr 1174.

Auf dem Reichstag zu Regensburg 1156, der an Heinrich den Löwen auch das zweite Herzogthum seines Vaters zurückbrachte, hatte Kaiser Friedrich I. zwei Lieblingsplänen zugleich Vorschub leisten können: er gewann den emporstrebenden Welfen durch seine Willfährigkeit zu Gegendiensten, die dem Kaiser zur Ausführung seiner weit reichenden Entwürfe unumgänglich nothwendig waren, und zugleich wurde eines der mächtigsten Stammesherzogthümer, dadurch, daß ein großer Theil desselben den Babenbergern als selbstständiges Herzogthum übertragen wurde, erheblich geschwächt.

Der Umfang des Herzogthums Bayern war auch nach der Abtrennung Oesterreichs noch immer ein bedeutender und gerade hier war im Laufe der Zeiten die Hoheit des Herzogs über die Großen des Landes am durchgreifendsten ausgebildet worden. Die meisten Grafschaften gingen vom Herzogthum zu Lehen, — hatte ja doch sogar die wichtige Ostmark in solcher Lehensabhängigkeit gestanden. Nicht minder bedeutungsvoll aber für das Herzogthum war die vollständige Ausbildung und Aufrechthaltung des Instituts der Landtage in Bayern, die vom Herzoge berufen und geleitet wurden und von allen Großen des Landes, auch von den geistlichen Fürsten, die in ihren Stiftern volle Immunität genoßen, besucht werden mußten.

So besaß noch der Herzog von Bayern nicht bloß den Namen, sondern auch die Befugnisse eines princeps et judex provinciae[1]), als in andren Theilen des Reichs schon längst eine Reihe kleinerer unabhängiger Herrschaften an Stelle des alten Stammesherzogthums getreten war. Den Kern der herzoglichen Gewalt, welcher die größere oder geringere Machtentwicklung derselben bedingte, bildeten auch hier der allobiale Besitz des Herzogs und die Grafschaften, deren unmittelbarer Vorsteher er war. Heinrich der Löwe war in Bayern reich begütert. Denn die zahlreichen Besitzungen des Herzogs Heinrich des Schwarzen waren nach seinem Tode von seinen Söhnen Heinrich dem Stolzen und Welf VI. so getheilt worden, daß ersterer, der seinem Vater im Herzogsamte folgte, die bayerischen Besitzungen, meistens Stammgüter, nebst dem neu erworbenen Besitzthum in Sachsen erhielt, während dem jüngeren Bruder Welf hauptsächlich die schwäbischen Güter zufielen; nach Heinrichs des Stolzen Tod war dessen Sohn Heinrich der Löwe in das Erbe des Vaters eingetreten.

Ungeachtet dieser günstigen Verhältniße hat Heinrich der Löwe seiner Herrschaft im Sachsenlande größere Aufmerksamkeit zugewandt, wo er zur Erreichung seiner ehrgeizen Pläne zwar größere Schwierigkeiten vorfand, aber auch ein weiteres Feld sich geboten sah. Vielleicht, bemerkt Weiland[2]), dienten ihm gerade die Verhältniße in Bayern zum Vorbild, um ebenso in Sachsen die Hoheitsrechte des Herzogs zu befestigen und zu erweitern. Die slavischen Länder im Norden Sachsens reizten überdies seine Eroberungslust; hier konnte er ausgedehnte Gebiete durch sein Schwert der deutschen Nation unterwerfen und seiner Herrschaft einverleiben; hier im Norden konnte er dieselbe Rolle spielen, die im südlichen Deutschland in den Händen der Staufer lag und dieselben zur Ausdehnung ihrer Macht gegen Süden einlud. Die italienische Politik Friedrichs I. förderte geraume Zeit lang Heinrichs Bestrebungen im

---

[1]) Mon. Boic. III. p. 462.
[2]) Weiland, das sächsische Herzogthum unter Lothar und Heinrich dem Löwen p. 68.

Norden. Vom Kaiser selbst ermächtigt, nahm er sogar die Belehnung geistlicher Fürsten mit ihren weltlichen Rechten und Gütern im eroberten slavischen Gebiet in Anspruch. Ein Wort eines Mannes aus Heinrichs Umgebung zeigt, wie die Stellung desselben, die sich nur wenig von königlicher Machtvollkommenheit unterschied, aufgefaßt wurde; ein Vasalle Heinrichs nemlich, Heinrich von Witha, erklärte dem Bischof Vicelin von Lübeck rund heraus, er möge dem Willen seines Herrn, des Herzogs, sich fügen, denn sonst werde ihm weder Kaiser noch Erzbischof etwas helfen können, „denn all' dieses Land hat ihm Gott, der Herr, gegeben[1])!" — Nur der Gewaltakt gegen den Bischof von Freising, die Zerstörung der Vöringerbrücke, gibt Zeugniß, daß Heinrich auch in Bayern die Erweiterung seiner Gewalt nicht außer Acht ließ.

Nach dem Herzoge war Pfalzgraf Otto VI. von Wittelbach der angesehenste und einflußreichste Fürst des bayerischen Herzogthums, nicht minder durch seine eigenen Verdienste, als durch die Stellung seines Geschlechtes und Güterbesitz dazu erhoben. Mit seinen jüngeren Brüdern Friedrich und Otto gemeinsam hatte er auf den italienischen Feldzügen Friedrichs durch Muth und Ausdauer die trefflichsten Dienste geleistet; noch wichtiger aber war seine diplomatische Thätigkeit gewesen, so daß man sagen kann, daß in der Geschichte des ersten und zweiten italienischen Zuges, sowie des Ursprungs des großen Schismas Pfalzgraf Otto neben Reinald von Köln die bedeutendste Rolle spielte[2]). Die Bedeutung des Mannes befestigte und hob dessen Amt. Während in anderen Ländern, z. B. in Schwaben, die Wirksamkeit der Pfalzgrafen früh in den Hintergrund getreten war, so daß bald der Titel der letzte Rest der alten Würde blieb[3]), war in Bayern der Pfalzgraf noch immer Stellvertreter des Königs in allen Angelegenheiten, die auf die Kronrechte Bezug hatten, führte mithin auch die Aufsicht über die Reichs-

---

[1]) Helmold, Chronica Slavorum I. c. 69. (Leibnitz, script. rer. Brunsvic. 1.)
[2]) Siehe Excurs I.
[3]) Stälin, Wirtemberg. Geschichte II. p. 658.

güter und Reichseinkünfte[1]). Hatte bei der Aufstellung der Pfalz=
grafen unverkennbar ursprünglich überall die Absicht zu Grunde ge=
legen, die Gewalt der Herzoge einzudämmen und ihre Regierung zu
beaufsichtigen, so war hier in Bayern dieser Zweck auch noch für
eine spätere Periode erreicht. Die Besitzungen der Wittelsbacher,
die auch mit den bedeutendsten bayrischen Fürstenhäusern verwandt
und verschwägert waren, lagen über das ganze Herzogthum zerstreut.
Außer den Stammgütern um die Stammburg Scheyern an der
Ilm, die man 1113 in ein Kloster verwandelt hatte, war die Graf=
schaft im Kelsgau an der Donau und nach dem Erlöschen der
Grafenlinie Ebersberg auch die Grafschaft im Eisengau auf dem
linken Isarufer in die Hände der Schiren gekommen und hier und
dort hatten sich durch den Zerfall des Gausystems scheyrische Graf=
schaften gebildet. Auch begleitete eine Reihe wittelsbachischer Güter
den Innstrom in seinem ganzen Laufe durch Bayern und breitete
sich in den benachbarten Mangfall= und Leitzachthälern aus. In
der heutigen Oberpfalz hatte die Familie zahlreiche Güter vom Hoch=
stift Bamberg zu Lehen; dazu kamen die Lengenfeldische Erbschaft
im Raabgebiet und mehrere Besitzungen um Donauwörth, die wahr=
scheinlich durch Vermählung des Pfalzgrafen Friedrich mit einer
Tochter Mangolds von Wörth an das wittelsbachische Haus ge=
kommen waren. An Macht und Ansehen konnte sich vielleicht nur
das Geschlecht der Andechser mit dem wittelsbachischen messen; be=
sonders in der zweiten Hälfte des zwölften Jahrhunderts war deren
Besitzthum durch den Anfall der Grafschaften Plaffenberg und Wolf=
rathshausen bedeutend gewachsen.

Weder die Wittelsbacher, noch die Andechser, noch die übrigen
weltlichen Großen Bayerns nahmen je zu Heinrich dem Löwen eine
feindliche Stellung ein, wie die Fürsten Ostsachsens, die bis zum
Sturz desselben rastlose, unversöhnliche Feinde des Herzogs blieben.
Aber während wir Sachsen durch unaufhörliche Fehden gegen den
Herzog verwirrt und beunruhigt sehen, war Bayern von anderen
Bewegungen erfüllt. Bischöfe und Aebte stehen hier an der Spitze

---

[1]) M. B. XIII. p. 170.

eines Bundes, der sich gegen den Kaiser, wenn auch zunächst nur gegen dessen kirchliche Politik richtet und dessen Vorgehen mittelbar auch Heinrich den Löwen berühren mußte.

Die zwiespältige Papstwahl im Jahre 1158, als von den kaiserlich gesinnten Kardinälen Victor IV., von den Anhängern der hierarchischen Ideen Gregors VII. Alexander III. erhoben worden war, hatte auch in Deutschland eine Spaltung hervorgerufen. Schon unter Erzbischof Eberhard von Salzburg hatte sich in dessen Hochstift die entschiedenste Opposition gegen Friedrichs Vorgehen gegen den allein ordnungsmäßig gewählten Papst Alexander III. gebildet[1]). Sein Nachfolger, Conrad II., war in die Fußstapfen des Vorgängers eingetreten und seine standhafte Weigerung, sich dem Willen des Kaisers zu fügen, hatte über das Erzstift Verfolgung und Verwüstung heraufbeschworen. Doch wurde von den Salzburgern erfolgreicher Widerstand geleistet und der Oppositionsgeist konnte weder im Erzstifte selbst noch bei dessen Suffraganbischöfen erstickt werden. Ein ebenso entschiedener Anhänger Alexanders III. und Vorkämpfer seiner Partei war der Patriarch Ulrich von Aquileja; er stand mit allen Gesinnungsgenoßen in reger Verbindung und hatte einen ebenso thätigen als klugen Agenten an Otto, dem Probst des schwäbischen Klosters Raitenbuch, der durch seine Stellung am besten geeignet war die Unterhandlungen den Alexandrinern im westlichen Süddeutschland zu vermitteln[2]). Nach dem Tod des Erzbischof Conrad II. 1168 fiel die Wahl des Domcapitels auf Adalbert, den Sohn des Böhmenkönigs Wladislav, indem eine bereits eingeschüchterte Partei unter den Wählern von Adalberts Verwandtschaft mit dem Kaiser selbst günstige Erwartungen hegte[3]), die Mehrzahl der Domherren aber, die gut alexandrinisch bleiben wollte, ihre Hoffnung auf die Heeresmacht der Böhmen setzte, die ihren Königssohn, falls er, wie

---

[1]) Wilh. Schmidt, die Stellung der Erzbischöfe und des Erzstiftes von Salzburg zu Kirche und Reich unter Kaiser Friedrich I. Archiv f. österr. Geschichte. 34. Bd. p. 19 ff.

[2]) Fechner, Ulrich von Aquileja und Otto von Raitenbuch.

[3]) Henrici Historia calamitatum Pez, Thesaurus anecdot. II. 3. p. 203.

es wahrscheinlich war, als Erzbischof von Salzburg in den laufenden Conflikt mit dem Kaiser verwickelt werden sollte, vertheidigen würde[1]). Diese Absicht sah auch der Kaiser in dem Wahlergebniß[2]) und rückte ohne Säumen selbst gegen das Erzstift vor. Er begegnete hier nicht mehr so standhaftem Widerstand, wie unter den vorigen Erzbischöfen; denn wenn auch der Klerus und das Volk der bisher verfochtenen Sache treu blieben, fielen doch zahlreiche Ministerialen des Erzstifts, die nicht länger mehr die Acht und ihre Folgen ertragen wollten, zu ihm ab[3]). Hauptsächlich aber schadete der neu gewählte Erzbischof selbst seiner eigenen Sache; er war ein schwacher, wankelmüthiger und dabei hochfahrender Charakter, der schwierigen Aufgabe nicht im Entferntesten gewachsen. Als die Lage gefährlich wurde, begab er sich zum Kaiser und resignirte auf das Erzstift[4]), wollte aber unmittelbar darauf nichts mehr von Abdankung wissen, sondern drückte die unter den Strafen für ihre Treue schmachtenden Untergebenen des Erzstifts durch neue Abgaben[5]). Endlich forderten die Salzburger selbst in einem Schreiben an Papst Alexander, indem sie ihn babei ihrer unwandelbaren Treue für seine Sache versicherten, die Absetzung ihres Erzbischofs[6]); Bischof Heinrich von Gurk, ein Suffraganbischof der Erzbiöcese, war der Verfasser des Briefes. Zugleich wurden Unterhandlungen mit dem Kaiser angeknüpft und der Dompropst Siboto gab selbst dem in Oesterreich residirenden Erzbischof im Namen des S. Klerus den Rath, sich dem Kaiser zu stellen und dessen Verfügung zu gehorchen[7]). Papst Alexander, der dem Treueschwur der Salzburger wenig Vertrauen schenkte, ließ jedoch den vielseitig bedrängten und seinerseits in der vorigen Unthätigkeit verharrenden Erzbischof nicht fallen, sondern wandte

---

[1]) Epist. Alexandri ad Wladislavum, regem Boh. Sudendorf Registrum I. p. 69.
[2]) Henrici Historia l. c. p. 204.
[3]) Ibidem p. 207.
[4]) Ep. Heinrici. Sudendorf l. c. I. p. 70.
[5]) Ibid. p. 72.
[6]) Ibid. p. 70.
[7]) Ep. eccl. Salisburg. ad Adalb. Pez, Thesaur. VI. 2. p. 48.

sich an dessen Vater, König Wladislav, sowie an Herzog Heinrich von Oesterreich, um sie zum Schutze Abalberts und zur Wahrung des päpstlichen Interesses aufzuforbern[1]). Indessen hoffte der Salzburger Klerus deßungeachtet auf Ordnung der Angelegenheit durch den Papst und suchte den Kaiser von endgültigen Beschlüßen abzuhalten[2]). Endlich erweckte die langwierige Anarchie in der Erzbiöcese dem Erzbischof Abalbert gefährlichere Feinde als die Schismatiker; die Suffraganbischöfe nemlich, an ihrer Spitze der mit Papst Alexander in bestem Einvernehmen stehende[3]) Bischof Heinrich von Gurk, suchten bei der völligen Verwirrung der Diöcesanverhältniße ihre Bisthümer von der Metropole Salzburg zu emancipiren und traten darüber mit dem Kaiser in Unterhandlung[4]). Nachdem so im Herzen der alexanbrinischen Partei in Bayern selbst eine Spaltung eingetreten war, konnte der Kaiser wohlgemuth daran denken, einen letzten entscheidenden Schlag gegen seine Gegner auszuführen. Auf dem zum Sonnwendfest 1174 nach Regensburg berufenen Reichstag sollte für ihn der Himmel geklärt werden; denn eher konnte er nicht an die neue längst beabsichtigte Heerfahrt nach Italien denken, als bis die gefährliche Veste Alexanders III. im südöstlichen Winkel des Reiches überwältigt war.

Doch wie hatten sich die bayerischen Großen, wie hatte sich vor Allen Heinrich der Löwe zu der Salzburger Angelegenheit gestellt? Aeußerlich zwar war seine Stellung zum Kaiser durch das Schisma nicht verrückt worden und er bedachte sich nie, den jeweiligen kaiserlichen Papst anzuerkennen. Dennoch verrathen zahlreiche kleine Züge, Vermittlungsversuche und Freundschaftsdienste für Papst Alexander nicht unbeutlich das Streben Heinrichs, gleichsam eine neutrale Stellung einnehmen oder doch wenigstens es mit Alexander

---

[1]) Ep. Alexand. p. ad Wl. Sudendorf l. c. I. p. 69.
[2]) Reuter, Alexander III. III. p. 84 ff. giebt das interessante Detail dieser Verhandlungen.
[3]) Chron. Magni Presbyt. (M. G. SS. XVII) ad ann. 1174: „Ab initio promotionis suae et ante, ut credimus, (Henricus Gurcensis) ferventem circa nos et Romanam ecclesiam scriptis et nunciis devotionem ostendit."
[4]) Sudendorf, Registrum II. p. 151.

nicht gänzlich verberben zu wollen¹). So hatte er schon vor Ausbruch des Schismas, als der Kaiser über das Auftreten der päpstlichen Gesandtschaft auf dem Reichstag zu Besançon 1157 heftig erbittert war, dem Papst Hadrian den Rath gegeben, durch eine neue Gesandtschaft eine Versöhnung zwischen Kirche und Reich anzubahnen²). Als nach der Wahl Alexanders Gesandte desselben bei dem Kaiser erschienen und dieser, von der Hitze des Zorns hingerissen, sie als Verräther hinzurichten befahl, sollen Heinrich der Löwe und sein Oheim Welf von den päpstlichen Legaten das drohende Unheil abgewendet haben. Die Nachricht über den ganzen Vorfall³) ist zwar nur schlecht beglaubigt, — nur die Vita Alexandri spricht davon, — doch ist es schon sehr charakteristisch, daß diese alexandrinische Parteischrift einen solchen Vermittlungsversuch dem Herzog Heinrich beilegt! Das Verhalten des Herzogs wird erst recht auffällig, wenn man das Vorgehen anderer Reichsfürsten, die vor allem Andern die Ehre des Kaiserthums im Auge behalten, damit vergleicht; so ermahnen z. B. die kaiserlichen Gesandten, der Kanzler Reinald und der Pfalzgraf Otto von Wittelsbach, im Jahre 1158 den Kaiser⁴): „Bedenkt, theurer Herr, was Gott mit euch vor hat und in welchen Stand er eure Herrschaft setzen will, und nehmt auf keines Menschen Rath oder irgend Jemand zu Gefallen die Cardinäle, die zu euch kamen, in volle Gunst auf, sondern wenn ihr von ihnen über den Brief und das Schreiben offene und genügende Genugthuung erhalten habt, verschiebt alles Andre bis zur Zusammenkunft mit uns in Italien, weil Gott gegenwärtig euch in Stand gesetzt hat, daß ihr, wenn ihr wollt, Rom zerstören und vom Papst und den Cardinälen Alles was ihr wünscht, erlangen könnt." Dieselbe Stellung, die Heinrich der Löwe sonst dem Papst gegenüber einnimmt, behauptet er nun auch in der Salzburger Angelegenheit. Er steht

---

¹) Auch Prutz, Heinrich der Löwe p. 167 weist darauf hin und fügt bei: „Wie sein ganzes Haus war er nach einer Art von Familienpolitik auf den Anschluß an den Papst angewiesen!"
²) Epist. Gerhohi. Origines Guelficae, III. p. 479.
³) Vita Alexandri III. Watterich, Vitae pontific. Roman. II. p. 382.
⁴) Sudendorf l. c. II. p. 133.

offen auf Seite des Kaisers, weigert sich, dem alexandrinischen Kloster Reichersberg Hilfe gegen seine Verfolger zu leisten, zieht sogar den Convent des Stifts St. Peter wegen Halsstarrigkeit gegen die Maß= regeln des Kaisers vor Gericht¹), thut aber andrerseits nichts, um den Widerstand der Alexandriner zu brechen. Auch hier ist er geneigt, eine Vermittlerrolle zu spielen; wenigstens verspricht Erzbischof Wich= mann von Magdeburg 1171 den vertriebenen Erzbischof Adalbert mit Hülfe des Herzogs Heinrich mit dem Kaiser zu versöhnen²).

Dagegen wurde der Kaiser im Streit mit dem Erzstift auf's Thätigste unterstützt vom Herzog von Kärnthen und den steierischen Ministerialen im Osten, von den Grafen von Plain, sowie von den Pfalzgrafen von Wittelsbach³) im Westen, obwohl ein Bruder der letzteren, der Erzbischof Conrad von Mainz, als Alexandriner seiner Würde verlustig erklärt worden war und nunmehr als Car= dinallegat der thätigste Agent der päpstlichen Partei war. Die Pfalzgrafen hatten schon zu Lebzeiten des Erzbischofs Conrad von Salzburg die Execution der zu Laufen über das Erzstift ausge= sprochenen Reichsacht übernommen und hatten den Kaiser auch bei seinen Zügen gegen Adalbert begleitet⁴).

Von den deutschen Fürsten nahmen sich nur Markgraf Otto= kar IV. von Steiermark und besonders Herzog Heinrich Jasomir= gott von Oesterreich des bedrängten Erzbischofs Adalbert mit Wort und That an. Von dem Herzog von Oesterreich geleitet, hatte sich nun Adalbert nach Regensburg begeben, wo sich die Deutschen, insbesondere die bayrischen Fürsten und Bischöfe zahlreich versammelt

---

¹) Sudendorf l. c. II. p. 152.
²) Ibid. I. (n. 30.)
³) Vita Gebhardi. M. G. SS. XI. p. 46. — Der anonyme Verfasser der Biographie „D. Cardinal u. Erzbischof Conrad von Wittelsbach" sagt p. 58: „Unverkennbar war seit der Zeit, als Conrad den Kaiser zu Würzburg verlassen hatte, schon eine Spannung zwischen diesem und den Pfalzgrafen von Wittelsbach eingetreten, denn man fand Conrads Brüder seit dieser Zeit nicht mehr in der Umgebung des Kaisers." Die Unrichtigkeit dieser Behaupt= ung wird sofort einleuchten, wenn man einen Blick auf die Thätigkeit des Pfalzgrafen Otto in den Jahren 1165—1174 wirft.
⁴) Sudendorf I. p. 70.

hatten¹). Alle salzburgischen Suffraganbischöfe waren eingetroffen mit Ausnahme des Bischofs Albert von Freising, der zwar den kaiserlichen Papst anerkannt²) hatte, aber durch keine Maßregel seine Anhänglichkeit an ihn bethätigte. Der Ehrgeiz der Bischöfe, der sie die Möglichkeit einer Lösung des Suffraganverbandes nur in der Absetzung Adalberts sehen ließ, wurde die Hauptwaffe gegen ihn. Die Weihe des Bischofs Richer von Brixen, der bisher vergeblich um die Bestätigung Adalberts nachgesucht hatte, durch Bischof Heinrich von Gurk trotz der Einsprache Adalberts³), zeigte schon anfänglich die Stimmung der Versammelten gegen denselben. Gerade Richer trat nun als Sprecher für die Absetzung Adalberts auf und seine Disputirkünste und mehr noch der Wunsch des Kaisers bewirkten den Beschluß einer Majorität, Adalbert sei als abgesetzt zu betrachten und es sei unverzüglich zur Neuwahl eines Erzbischofs von Salzburg zu schreiten. „Nur wenige der anwesenden Prälaten und Kleriker," schreibt der alexandrinische Chronist des Klosters Reichersberg, „entzogen sich heimlich diesem Akte wahnsinniger Wuth⁴)." Der Herzog Heinrich von Oesterreich allein hatte sich offen dem Antrag widersetzt. Mit kluger Berechnung suchte Kaiser Friedrich aus der Mitte seiner bisherigen Gegner einen Candidaten für die erledigte Würde; seine Wahl traf jenen Probst Heinrich von Berchtesgaden, der vorher in seinem Eifer für die gute Sache eine „Geschichte der Bedrängniß des Erzstifts Salzburg⁵)" geschrieben, darin den bedrängten Erzbischof Adalbert hoch gepriesen und als Märtyrer verherrlicht hatte; „er solle ausharren," hatte er ihm zugerufen, „so werde er der Krone nicht verlustig gehen." Die bisher verfolgten Grundsätze wurden leicht vergessen, als Heinrich selbst nun das hohe Amt des bisher Vertheidigten angeboten wurde; er wurde von den anwesenden Klerikern des Salzburger Erzstifts gewählt, von Kaiser Friedrich in öffentlicher Versammlung bestätigt und mit den Regalien

---

¹) Chronicon Magni Presb. l. c. ad ann. 1174.
²) Append. ad Radevicum de rebus gestis Frid. I. ad ann. 1169.
³) Chron. Magni Pr. l. c.
⁴) Ibid.
⁵) Pez, Thes. anecd. II. 3. p. 198.

belehnt¹). Sämmtliche Lehensträger des Erzstiftes, als der Erste Herzog Heinrich der Löwe, suchten in Gegenwart des Kaisers bei dem Neugewählten um Bestätigung ihrer Lehen nach, leisteten den Lehenseid und mit Ehrenbezeugungen wurde nicht gekargt²). Der Kaiser hatte scheinbar zu Regensburg einen vollständigen Sieg davon getragen und glaubte jetzt nach Italien aufbrechen zu können, um auch dort den mit den Lombarden verbündeten Papst zu besiegen, wie er dessen Partei eben im eigenen Lande niedergekämpft zu haben meinte.

Doch die Niederlage der Alexandrinischen Partei stärkte nur deren Widerstandsfähigkeit, insofern die unentschlossenen und zweifelhaften Elemente ausgeschieden und die energischsten Anstrengungen nothwendig gemacht wurden. Auch entwickelte jetzt Papst Alexander selbst, der durch Adalberts Kaplan Erchenbold schleunigst von den Vorfällen zu Regensburg unterrichtet worden war³), die regste Thätigkeit. „Es mochte ihm zu Muthe sein, wie wenn er hörte, die stärkste seiner Festungen in Deutschland sei gefallen"⁴). Er mußte nunmehr die Vertheidigung und Erhaltung des von den Schismatikern abgesetzten Adalbert als Hauptziel ins Auge fassen; er richtete an ihn sofort ein Trostschreiben und forderte durch andere Schreiben den Dompropst Siboto von Salzburg und den Legaten in Bayern, Conrad von Wittelsbach, auf⁵), gegen die Wahl Heinrichs Protest zu erheben und die weitere Ausbreitung schismatischen Verderbens zu verhüten. Auch habe der Legat, befahl der Papst, sowohl den Bischöfen von Gurk und Brixen, als auch dem unrechtmäßig gewählten neuen Erzbischof einen Termin zu setzen, innerhalb dessen sie zur Treue gegen ihren rechtmäßigen Vorgesetzten, den Erzbischof Adalbert, zurückkehren sollten, Heinrich sollte sich wieder mit seiner früheren Würde begnügen. Räthselhaft bleibt, daß trotz des ausdrücklichen Befehls des Papstes Conrad, der bisher am thätigsten

---

¹) Chron. Magni Pr. l. c.
²) Ibid.
³) Ibid.
⁴) Reuter, l. c. III. p. 95.
⁵) Chron. Magni Pr. l. c.

gerade in Süddeutschland für die Sache Alexanders gewirkt hatte und mit außerordentlichen Vollmachten ausgerüstet war¹), gegen den neu erwählten Heinrich nicht einschritt und wir können die Unterlassung der befohlenen Maßregel nur daraus erklären, daß er entweder die Erfolglosigkeit eines derartigen Vorgehens im gegenwärtigen Zeitpunkt voraussah oder sich schon damals geneigt zeigte, dem Kaiser gegenüber einzulenken.

Der Markgraf Ottokar von Steiermark und der Herzog Heinrich Jasomirgott blieben die Schutzherren Adalberts im Osten; dagegen war Adalberts Bruder Friedrich, Herzog oder, wie er sich nannte, König von Böhmen, von Kaiser Friedrich auf dem Reichstage zu Hermsdorf abgesetzt und an seiner Statt ein Neffe des verstorbenen Wladislaw, Sobuslaw II., zum Herzog erhoben worden²). Als Urheber des Krieges, der sich bald darauf zwischen Sobuslaw und Herzog Heinrich von Oesterreich entspann, wird Kaiser Friedrich, der durch die böhmischen Waffen den hartnäckigen Anhänger Alexanders und Adalberts strafen wollte, angesehen, doch läßt sich die Annahme nicht durch stichhaltige Quellenbeweise begründen³). Als der Kaiser seinen Zug nach Italien im Herbst 1174 angetreten hatte, wagte Adalbert⁴) einen bewaffneten Einfall in das Salzburgische, nachdem er schon vorher den Bann gegen seinen Rivalen Heinrich geschleudert hatte⁵); doch war ihm das Waffenglück nicht günstig; er mußte sich bald wieder nach Kärnthen zurückziehen

---

¹) Sudendorf l. c. II. p. 154: „Cum auctoritatis nobis apostolicae legationis sit credita etc." Er trieb den dem päpstlichen Stuhl schuldigen Zins von den Kirchen ein (Sudendorf l. c.), fertigte Bullen aus, z. B. für das Kloster Diessen (Mon. Boic. VIII. p. 164) ꝛc.

²) Annales Pegavienses (M. G. SS. XVI) ad ann. 1173.

³) Palacky, Gesch. v. Böhmen I. pag. 467 giebt als Quellen seiner Darstellung, die den Kaiser Friedrich mit dem Kampfe Sobuslaws in Zusammenhang bringt, die Chroniken von Zwetl, Klosterneuburg und Ortilo von Lilienfeld an. Die beiden ersteren erzählen nichts von einer Einmischung des Kaisers, Ortilos Notula sind als unächt nachgewiesen worden. (Wattenbach, Deutschlands Geschichtsquellen p. 447.)

⁴) Ueber die Zeitbestimmung Wilh. Schmidt l. c. p. 117.

⁵) Sudendorf l. c. II. p. 153.

und wurde vom Erzbischof Heinrich mit Beihülfe der wittelsbachischen Pfalzgrafen Friedrich und Otto des Jüngeren bis in das Gebirge verfolgt [1]).

Wie stark jedoch noch immer der Anhang Abalberts war und wie fest geschlossen die päpstliche Partei im Südosten Deutschlands zusammenstand, die nicht weniger gefährlich wirkte, weil sie meist nur heimlichen Widerstand zu leisten wagte, zeigen die Vorgänge des Jahres 1176. Es wurde nämlich ein zweiter päpstlicher Legat, Walter, der schon 1160, vereint mit dem Patriarchen Ulrich von Aquileja und dem Cardinal Hildebrand, den König Bela III. von Ungarn vermocht hatte, für alle Fälle mit dem griechischen Kaiser Manuel ein Bündniß zu schließen, — das Bündniß wurde im Jahre 1174 erneuert[2]) — zur Untersuchung der Salzburger Angelegenheit vom päpstlichen Stuhl abgeordnet[3]). Cardinal Conrad und der Markgraf von Steiermark versuchten ihn zu bewegen, die Entscheidung bis nach der Rückkehr des Kaisers aus Italien aufzuschieben, doch ließ sich Walter nicht überreden und berief, da er sich auf deutschem Boden nicht sicher glaubte, kraft päpstlicher Vollmacht die streitenden Parteien Abalbert und Heinrich vor seinen Richterstuhl (1. August 1176) nach Raab in Ungarn. Abalbert kam mit großem Gefolge, Heinrich dagegen stellte sich nicht, sandte auch keine Bevollmächtigten oder Entschuldigungsschreiben. Der Legat bestimmte ihm einen neuen Termin, doch als auch dieser verstrichen war, wurden er und seine Anhänger bis auf weitere päpstliche Entscheidung suspendirt, Abalbert aber auf Zeugniß einer großen Anzahl ehrwürdiger Männer von den gegen ihn früher erhobenen Anklagen freigesprochen und in seiner Würde feierlich bestätigt. Der Brief Walters an den Papst, worin er ihn über diese Vorgänge benachrichtigt, ist uns in der Chronik des Magnus von Reichersberg erhalten[4]). Zugleich erließ der Legat an den Klerus und das Volk

---

[1]) Chron. Magni Pr. l. c.; ad ann. 1175.
[2]) Fechner l. c. p. 21.
[3]) Contin. Zwetlensis (M. G. SS. XI.) ad ann. 1176.
Chron. Magni Pr. l. c. ad ann. 1176.
[4]) L c. ad ann. 1176.

der Erzdiözese Salzburg ein Schreiben, das die Entscheidung der Diözesansynode verkündete und Alle zum Gehorsam gegen ihren rechtmäßigen Erzbischof Abalbert aufforderte[1]). Wichtig für uns ist das lange Verzeichniß derjenigen, welche Abalbert zum Legaten begleitet und dessen Recht vertreten haben. Es finden sich darunter die Pröbste von Neuburg, Reichersberg, Baumburg, Chiemsee, Seckau, Vorau, Reichenhall, St. Johann in Salzburg, die Aebte vom Kloster zum hl. Kreuz, Zwetl, Raitenhaslach, Göttweih, St. Lambert, Garsten, Elsenbach und andere Würdenträger von Salzburg, Friesach zc. Außerdem stellten der Patriarch Ulrich von Aquileja, der Bischof Romanus von Gurk, Nachfolger des kaiserlich gesinnten Bischof Heinrich und der Abt von Abmunt für Abalbert schriftliche Zeugnisse aus und auch Siboto, der Probst des Salzburger Domkapitels, einst auf dem Reichstag zu Regensburg 1174 für Heinrich von Berchtesgaden thätig, scheint nicht mehr unbedingt auf dessen Seite gestanden zu haben, denn er und der Abt von St. Peter schickten Bevollmächtigte nach Raab. Eine große Anzahl von Klöstern des Erzbisthums erklärte sich also ganz offen für die Sache Abalberts und seines päpstlichen Beschützers und gegen den Regensburger Reichstagsbeschluß. Wohl zu berücksichtigen aber ist das Ansehen und die Bedeutung, welche damals die Klöster in Folge ihres großen Grundbesitzes und der daraus entspringenden Lehensverbindungen genossen. Diese geschlossene Phalanx der alexandrinischen Partei im Südosten stand in Verbindung mit den übrigen Gesinnungsgenossen, die überall in Deutschland zerstreut waren und täglich sich mehrten, denn täglich stieg die Unruhe wegen des Schismas, des längsten, das je vorgekommen[2]). Besonders an Herzog Welf VI. hatten die „Katholischen" — so nannten sich bedeutungsvoll die Anhänger Alexanders III., — einen starken Halt. Er stand mit dem Papst in ununterbrochener Verbindung[3]) und suchte den Sturz des Bischofs Hartwich von Augsburg, eines treuen Anhängers der kaiser-

---

[1]) l. c. ad ann. 1176.
[2]) Ann. Egmundani M. G. SS. XVI. p. 461.
[3]) Orig. Guelf. II. p. 600.

lichen Kirchenpolitik, durch alle Mittel herbeizuführen; sein Geschäfts=
träger hiebei war der schon genannte Probst Otto von Raitenbuch,
der Vertraute Ulrichs von Aquileja[1]). Fassen wir Welfs Hart=
näckigkeit und Eifer gerade in dieser kirchlichen Frage ins Auge,
so drängt sich fast die Vermuthung auf, es seien die großartigen
Festlichkeiten, zu welchen er damals so viele süddeutsche Fürsten
und Adelige um sich versammelte, nicht gerade blos des Turnirens
und Pokulirens halber angeordnet worden. So nahm z. B. am
Pfingstfest 1175 an dem glänzenden Fest zu Gunzenlech bei Fried=
berg auch der junge Markgraf Ottokar von Steiermark Theil, der
im nämlichen Jahre in einer Urkunde die Treue und Ergebenheit
gegen den rechtmäßigen Papst als ein heiliges Erbe bezeichnet, das
er von seinen Eltern überkommen habe[2]). Freilich befand sich auch
der jüngere Pfalzgraf Otto von Wittelsbach zu Gunzenlech[3]), den
wir als Vertheidiger des Schismas kennen gelernt haben.

Im Frühjahr 1176 näherte sich auch der mächtigste Fürst des
Reiches, Heinrich der Löwe, der bisher, wie schon früher beleuchtet
wurde, die schismatische Politik des Kaisers zwar nicht angegriffen,
aber auch nicht vertheidigt hatte, der Alexandrinischen Partei und
es ist wenigstens nicht unwahrscheinlich, daß ihn zu dem trotzigen
Ton, den er damals gegen den Kaiser anschlug, die Hoffnung er-
muthigt habe, aus den tief einschneidenden kirchlichen Wirren für sich
politische Vortheile ziehen zu können. Bevor wir aber die Schritte,
die er in dieser Absicht unternahm, näher verfolgen, kehren wir zum
Kaiser zurück, den wir auf seinem fünften Zuge nach Italien
verließen.

---

[1]) Fechner l. c.
[2]) Caesar, Ann. Styr. I. p. 773.
[3]) Mon. Boic. VII. p. 358.

2.
Bruch zwischen Kaiser Friedrich I. und Heinrich dem Löwen.

Nachdem die Heerbannzüge aus den Gauen des Reiches in Regensburg eingetroffen waren, brach Friedrich im Spätsommer 1174 gegen die rebellischen Lombardenstädte auf[1]). Er nahm dießmal seinen Weg über Basel[2]) und die schweizerischen und savoyischen Gebirge; am 29. September langte er, nachdem er den Mont=Cenis überschritten, vor Susa an[3]). Schon vor dem Zuge des Kaisers über die Alpen hatte für ihn sein Erzkanzler, der Erzbischof Christian von Mainz, die italienischen Städte, die mit Mailand, dem Haupt der Rebellion, noch nicht direkt verbunden waren, dem Kaiser zu erhalten und den päpstlichen und griechischen Einfluß zu bekämpfen versucht, doch sein tapferer Sinn konnte die festen Mauern Ankonas, des Vororts der byzantinischen Annexionsbestrebungen, nicht brechen und er hatte im März 1173 die langwierige Belagerung aufheben müssen[4]). Um die kaiserliche Herrschaft in Italien stand es schlimmer als je.

Während wir den ferneren Verlauf des Feldzuges nur übersichtlich zu berühren haben, ist es für uns von besonderer Wichtigkeit, welche bayrischen Großen im Heer des Kaisers mitgezogen waren und welchen Antheil an den Ereignissen sie nahmen.

Herzog Heinrich der Löwe hatte sich an der neuen Heerfahrt nicht betheiligt. Unsres Wissens waren von den Fürsten Bayerns nur zwei von Anfang an im Gefolge des Kaisers, der treueste Anhänger des Kaisers, Pfalzgraf Otto von Wittelsbach, der auf keinem

---

[1]) Chron. Magni Presb. l. c. ad ann. 1174 Anonym. Weingart Hess, Mon. Guelf. p. 49.
[2]) Hormayr, Gesch. v. Tyrol. I. 2 n. 16.
[3]) Vita Alexandri Watterich. p. 463.
[4]) Annales Pisani (M. G. SS. XIX. p. 265. Romualdi Annales) M. G. SS. XIX. p. 441.

Römerzug Friedrichs gefehlt und der Bischof Cuno von Regensburg, welcher sich nach längerem Widerstreben der schismatischen Politik des Kaisers unterworfen hatte[1]). Später erst scheint Bischof Diepold von Passau zum Heere gestoßen zu sein[2]). Diese geringe Betheiligung der bayrischen Fürsten an dem Unternehmen des Kaisers ist nicht minder charakteristisch für die Zustände ihrer Provinz, als das Wegbleiben des Herzogs für die Entwicklung seines emporkeimenden Planes.

Die Stadt Susa wurde wegen Hochverraths an Kaiser und Reich den Flammen preisgegeben. Die Bürger der Stadt Asti hatten sich zwar eidlich zum Kampfe gegen Friedrich verpflichtet und waren durch Hilfstruppen in hinlänglicher Anzahl verstärkt worden, allein die Furcht vor dem energischen, auch vor rücksichtsloser Grausamkeit nicht zurückscheuenden Kaiser erschloß rasch die Thore der Stadt[3]). Nun wandte sich Barbarossa gegen die Veste Alessandria, deren Name schon Hohn für ihn, und mit allen Mitteln der Kriegskunst, die der damaligen Zeit bekannt waren, wurde die Belagerung begonnen[4]), deren Hartnäckigkeit und kunstreiche Durchführung das Staunen der Mit- und Nachwelt erregte[5]). Der Kaiser schrack selbst vor einer Ueberwinterung im Lager nicht zurück. Doch durch die heldenmüthige Vertheidigung der Bürger wurde ihre Stadt vor dem Schicksal, das einst Mailand getroffen, bewahrt. Als ein letzter Hauptsturm abgeschlagen worden war, ließ der Kaiser auf die Nachricht, daß die verbündeten Lombarden zum Entsatze heranzögen, alle Belagerungswerkzeuge in Brand stecken und zog jenem Heere entgegen[6]). Beide Heere standen sich bei

---

[1]) Wilh. Schmidt l. c. p. 107. — Beide sind Zeugen Friedrichs I. im Privilegbrief für die Kirche Morimund, am 19 Dez. bei der Belagerung von Roveredo. (Ughelli, Italia sacra IV. p. 264. Das dort angegebene Datum: 14. Jan. 1175 hat Böhmer in: 19 Dez. 1174 (14. kal. Jan. 1175) berichtigt.)

[2]) Hansitz, Germ. sacra I. p. 329.

[3]) Annales Placentini (M. G. SS. XVIII) ad ann. 1174.

[4]) Otto de St. Blasio (Böhmer, Fontes rer. Germ. III.) p. 603.

[5]) Ibid.

[6]) Ibid.

Montebello kampfgerüstet gegenüber[1]). Doch waren in beiden Lagern schon Friedensverhandlungen eingeleitet worden und am 15. April traten Bevollmächtigte beider Parteien zusammen, um mit den Vorarbeiten eines Friedensschlusses zu beginnen. Unter den kaiserlichen Gesandten wird auch Pfalzgraf Otto genannt[2]). Es kam zu einem Vertrag, dem zu Folge die Feindseligkeiten vorläufig bis Mitte Juni ruhen und inzwischen ein Congreß, zu dem jede Partei drei Gesandte schicken würde, die Friedensbedingungen feststellen sollte[3]). Zu Pavia wurde die betreffende Vertragsurkunde ausgestellt und beschworen. Friedrich kehrte darauf selbst nach Pavia zurück[4]) und dort erschienen bald auch Gesandte des Papstes Alexander, um zwischen der Kirche und dem Reiche den Frieden herzustellen. Doch sie stießen mit standhaften Forderungen auf standhaften Widerstand und begaben sich bald unverrichteter Dinge nach Rom zurück[5]).

Auch die Friedensverhandlungen mit den Lombarden führten zu keinem Resultate. Erzbischof Philipp von Köln mit vielen anderen Fürsten, darunter auch Pfalzgraf Otto, zog nach Deutschland zurück, um in der Heimat neue Streitkräfte für den letzten Entscheidungskampf mit den Lombarden zu sammeln[6]). Durch die Erfolglosigkeit der bisherigen Unternehmungen Friedrichs war der Muth der Städte neu erhöht; viele derselben wurden durch griechisches Geld unterstützt. Auf ihre kräftige Hilfe und das Bündniß mit König Wilhelm von Sicilien, sowie auf den Hinterhalt, den er in Deutschland selbst hatte, baute der Papst. Ebenso wollte auch Friedrich, der neue Hilfsleistungen aus dem Reiche erwartete, jetzt um keinen

---

[1]) Ann. Placentini l. c.
[2]) M. G. LL. II. p. 145.
[3]) Ibid. Reuter l. c. III. p. 725.
[4]) Urkunde für St. Lyon vom 23. April zu Pavia. (Gallia christiana IV. p. 21.)
[5]) Romualdi Annales M. G. SS. XIX. p. 440.
[6]) Philipp bestätigt am 23. April 1176 zu Köln Schenkungen an das Kloster Meer. (Lacomblet, Urkbch. v. Niederrhein p. 319). — Pfalzgraf Otto entscheidet noch im Jahre 1175 zu Regensburg als Vogt des Stiftes Obermünster daselbst über eine Streitigkeit zwischen diesem Kloster und Adalbert von Dutingen. (Quellen und Erörterungen z. B. Gesch. I. p. 209.)

Preis Italien unverrichteter Dinge verlassen. „Kein Theil wollte Etwas aufgeben, ehe er Alles gewagt hatte.¹)" Friedrich glaubte überdies in Italien die feindliche Partei, die er in Deutschland hatte zurücklassen müssen, besiegen zu können; er bot daher Alles auf, um möglichst viele Fürsten des Reiches zu bewegen, dem bedräng=
ten Reichsoberhaupt beizustehen. ²) Insbesondere mußte dem Kaiser daran gelegen sein, den mächtigsten und kühnsten Mann seines Reiches zur Hülfeleistung zu bewegen, den Welfenherzog Heinrich, dessen Namen in Italien wie Schwertessausen klang. Friedrich hatte ihn groß gemacht, ihn gegen alle Feinde geschützt und alle Wünsche desselben, auch die hochfahrendsten, erfüllt, um ihn auch zu großen Leistungen zu verpflichten; jetzt da Italien fast ganz dem Reiche verloren war, sollte Heinrich durch die That beweisen, daß der Kaiser nicht umsonst „allen Feinden Heinrichs Feind gewesen sei und keinen ihm gegenüber mächtig werden ließ." ³) Er führte mit dem Bayernherzog besondere Unterhandlungen; es ist uns ein Brief Friedrichs an den Patriarchen von Aquileja erhalten, worin er ihn bittet, er möge einem gewissen Lubert, einem Boten des Herzogs von Sachsen, bis Nürnberg sicheres Geleit geben. ⁴) Als diese Un=
terhandlungen keinen Erfolg erzielten, sollte eine persönliche Zusam=
menkunft Heinrichs mit dem Kaiser diesen zu ausreichender Hülfe=
leistung geneigter machen.

Deutschland war während der Abwesenheit des Kaisers zum Schauplatz mannigfacher Fehden geworden. Die verschiedenartigsten Parteigegensätze traten zu Tage und die dadurch herbeigeführten Kämpfe berührten auch Bayern.

---

¹) Raumer, Gesch. d. Hohenstaufen II. p. 167.
²) Annal. Magdeburgenses (M. G. SS. XVII) ad ann. 1176.
³) Arnold v Lübeck, Chronik (nach der von Lappenberg für die M. G. vorbereiteten Ausgabe von Laurent übersetzt in der Geschichtschreiber der deut=
schen Vorzeit; 13. Jhdt. 3. Bd.) II. c. 1.
⁴) Pez, hessaur. anect VI. pars I. p. 412. — Der Brief ist ohne Datum, muß aber unzweifelhaft in den Zeitraum 1175—1176 verlegt werden.

Die aus der Salzburger Angelegenheit entspringenden Wirren haben wir schon berührt und die Vorkämpfer der Parteien kennen gelernt. In den Fehden, die im Osten Bayerns ausgebrochen waren, fand die pfalzgräfliche Familie der Wittelsbacher wiederholt Gelegenheit, im Dienst des Kaisers sich auszuzeichnen. Im Jahre 1175 waren Dissidien zwischen Herzog Conrad Otto von Znaim und Herzog Sobeslaw von Böhmen entstanden, doch Pfalzgraf Otto der Jüngere, der Schwager Conrad Ottos vermittelte zwischen beiden Fürsten einen Frieden [1]). Als dann im folgenden Jahre Conrad Otto und Sobeslaw gemeinsam den Herzog von Oesterreich angriffen, gab der Kaiser von Italien aus dem Pfalzgrafen Friedrich von Wittelsbach den Auftrag, den Frieden herzustellen, und es gelang diesem auch, wenigstens den Abschluß eines halbjährigen Waffenstillstandes durchzusetzen [2]).

Herzog Heinrich hatte in die Wirren Bayerns nicht eingegriffen, sondern, wie es scheint, absichtlich sich als ein theilnahmsloser Zuschauer verhalten. Nachdem der Kaiser nach Italien aufgebrochen war, versammelte Heinrich die bayerischen Großen auf einem Landtage zu Ering, im September 1174; es erschienen dort der Bischof Diepold von Passau, die Aebte von Albersbach und Aspach, der Markgraf Berthold von Andechs, Burggraf Heinrich von Regensburg, die Grafen von Ortenburg, Pilstain, Plain und Andere. Leider ist uns weder der eigentliche Zweck ihres Zusammenkommens noch einer der wichtigeren Berathungsgegenstände bekannt geworden; die Thatsache selbst, sowie die Namen der Anwesenden werden uns bloß in Urkunden über Wohlthätigkeitsakte des Herzogs aufgeführt [3]). Nach Ering kamen auch Abgesandte des Klosters Reichersberg, um Hilfe gegen die Gewaltthätigkeiten des Heinrich von Stein

---

[1]) Palacky, Gesch. Böhmens I. p. 467.
[2]) Contin. Gerlaci abb. Milov. (M. G. SS. XVII) ad ann. 1176.
[3]) In der Bestätigungsurkunde der welfischen Schenkungen an das Kloster Kremsmünster (17. Sept 1174 in curia Hering) [Urkundenbuch des Landes ob d. Ens II. p. 347] und der Schenkungsurkunde für das Kloster Ranshofen (20. Sept. 1174) [l. c. II. p. 349].

zu verlangen¹). Das Kloster Reichersberg, eine Hauptstätte des
Alexandrinismus in Bayern, war nämlich mit dem Erzstifte Salz=
burg der Reichsacht verfallen, und wurde seitdem von Heinrich
von Stein, der sich gleichsam als Vertreter des Kaisers ge=
berbete, durch ununterbrochene Fehde beunruhigt. Der Convent
hatte zwar Klage bei dem kaiserlichen Gericht gestellt, doch der
Kaiser selbst hatte in Wien 1165 zu Gunsten Heinrichs von
Stein entschieden, und Herzog Heinrich, der Vogt eines von
dem Grafen occupirten reichersbergischen Gutes, hatte auf die Bitten
des Convents um Schutz und Hilfe geantwortet, nach dem Macht=
spruch des Kaisers sei es ihm nicht möglich, zum Schutz des Klosters
einzuschreiten²). Damals nun, im Jahr 1174, trugen Abgesandte
des Klosters neuerdings ihre Bitte um Hilfe vor und sie wurden
jetzt nicht mehr völlig abgewiesen, allein der Streit wurde vorläufig
vom Herzog an andere Schiedsrichter verwiesen, weil er nach Sachsen
eilen mußte³). Dort war seine Anwesenheit zur Unterdrückung der
Fehde zwischen den Söhnen des hartnäckigsten Feindes der Welfen,
Albrechts des Bären, und dem Landgrafen Ludwig von Thüringen
nothwendig geworden. Er stellte sich auf Seite des Landgrafen und
drang verheerend in das Gebiet der Ascanier ein, verbrannte die
Stadt Aschersleben und warf durch sein energisches Einschreiten
jeden Wiederstand nieder⁴). Für die folgende Zeit, in welcher ge=
rade der große Umschwung der Politik Heinrichs sich gestaltete, fehlen
uns fast jegliche Nachrichten über ihn; wir ersehen nur aus einer
Urkunde zu Gunsten des Klosters St. Aegidii zu Braunschweig aus
dem Jahre 1175, daß er sich in diesem Jahre in der genannten
Stadt aufhielt⁵). Erst zu Anfang des Jahres 1176 kehrte Heinrich
nach Bayern zurück⁶), und hier traf ihn die Ladung zu der Zu=

---

¹) l. c. I. p. 346.
²) Annal. Reichersberg (M. G. SS. XVII) ad ann. 1166.
³) l. c. p. 346.
⁴) Ann. Magdeburgenses (M. G. SS. XVII) ad ann. 1175.
⁵) Origines Guelf. III. p. 530.
⁶) Siehe Excurs II.

sammenkunft mit dem Kaiser, nachdem alle mittelbaren Unterhandlungen gescheitert waren.

Die Angaben der Quellen über diese Zusammenkunft weichen so sehr von einander ab, daß in jüngster Zeit sogar der Versuch gemacht wurde, die Thatsache selbst in Abrede zu stellen.[1]) Dagegen ist insbesondere A. Cohn aufgetreten[2]) und betont mit Recht, daß alle Berichte, so sehr sie auch im Einzelnen auseinander gehen mögen, darin übereinstimmen, daß Heinrich der Löwe von dem Kaiser um Hilfe gegen die Lombarden gebeten worden sei, eine Unterredung mit ihm gehabt und die verlangte Hilfe verweigert habe. Wenn man die Thatsache der Unterredung besonders deßhalb in Zweifel zog, weil die Quellen, besonders die späteren, daraus ein dramatisches Bild schufen, so daß es offenbar bei der Detailausmalung mehr auf poetisches Interesse, als auf Feststellung der nackten Wahrheit abgesehen ist, so bemerkt A. Cohn dagegen:[3]) „Weil die Wirklichkeit oft nicht poetisch erscheint, ist das Poetische deßhalb nicht stets unwirklich, und daraus, daß manche Einzelheiten eines bedeutenden Vorganges sich nicht bestimmt ermitteln lassen, folgt noch lange nicht, daß derselbe in das Gebiet der Erfindungen gehöre!"

---

[1]) So Dzlberger: „Hat Kaiser Friedrich I. vor der Schlacht bei Legnano dem Herzog Heinrich dem Löwen sich zu Füßen geworfen?" (Programm des k. k. Gymnasiums zu Linz 1859/60 — Reuter, (Alexander III. p. 234.) drückt sich zweifelhaft aus. „Das Detail der Unterredung ist jedenfalls verdächtig und selbst die Thatsache des persönlichen Conventes nach meinem Dafürhalten gegen den kritischen Zweifel nicht ganz sicher zu stellen." — Pruß, (Heinrich der Löwe p. 451), wird durch dieselben Zweifel sogar in Widersprüche verwickelt; er giebt als Resumé seiner Untersuchungen: „Die Unterredung fand nicht in Chiavenna statt, sondern im südlichen Bayern zc.", führt aber unmittelbar darauf fort: „Die großen Abweichungen zwischen den verschiedenen Berichten, namentlich aber das Genauerwerden derselben, je weiter wir uns von der Zeit des Ereignisses selbst entfernen, muß uns gegen dasselbe mißtrauisch machen und bewegen, seine wirkliche Existenz mit Recht in Zweifel zu ziehen."

[2]) A. Cohn über Dzlbergers vorerwähnte Schrift in den Göttinger gelehrten Anzeigen 1863. I. p. 461 zc.

[3]) l. c. p. 476.

Der Ort der Zusammenkunft ist nicht mit völliger Gewißheit zu bestimmen. Ein Geschichtsschreiber, der über Heinrichs Leben im Allgemeinen wohl unterrichtet ist, aber keineswegs Genauigkeit und geschichtliche Treue so hoch schätzt, daß er sie nicht zu wiederholten Malen seiner romanhaften Darstellungsweise opferte, Arnold von Lübeck [1]), erzählt, daß der Kaiser selbst, den in Italien das Kriegsglück verlassen, über die Alpen nach Deutschland gekommen sei und die Fürsten zusammen berufen habe, darunter auch Heinrich den Löwen. Diese Angabe wird scheinbar unterstützt durch die Nachricht einer zwar späteren, aber über den Kampf Heinrichs mit dem Kaiser wohl unterrichteten Quelle, der Lautersberger Chronik, [2]) daß Friedrich die sächsischen Fürsten nach Partenkirchen berufen habe. Dies veranlaßt Prutz zur Annahme, daß die Unterredung im südlichen Bayern stattgefunden habe, und er versucht auch aus den Zeitangaben einer Urkunde des Klosters Reichersberg [3]) die Zeit der Zusammenkunft näher zu bestimmen. Es wird nemlich dort erwähnt, daß Herzog Heinrich am 29. Februar 1176 [4]) nach Burghausen an der Salzach gekommen sei, die gerichtliche Verhandlung wegen des oben erwähnten Streithandels jenes Klosters mit dem Steiner wegen zahlreicher Geschäfte (multis occupatus) verschoben und erst nach 7 Tagen in Ranshofen den Streit geschlichtet habe. Prutz folgert nun, daß diese Zusammenkunft in die Zeit zwischen dem 1. und 7. März gefallen sei. Allein abgesehen davon, daß nicht einzusehen ist, warum denn während dieser Tage gerade die Zusammenkunft stattgefunden haben sollte, [5]) steht dieser Vermuthung eine geographische Schwierigkeit im Wege, denn ein Ritt in den Alpenthälern um Partenkirchen wird damals nicht leichter und bequemer gewesen sein, als heute, so daß die Tour von Burghausen nach Partenkirchen und von dort zurück nach Rans-

---

[1]) l. c. lib. II. c. 1.
[2]) Chronicon Montis sereni (ed. Eckstein) ad ann. 1180.
[3]) Siehe Excurs II.
[4]) Ibid.
[5]) Es müßte denn das „multis occupatus" der Grund zu solcher Vermuthung sein; doch läßt sich dieß auch wohl auf einfachere Weise erklären.

hofen (an der Mündung der Salzach in den Inn) binnen 7 Tagen, einschließlich des Aufenthaltes bei dem Kaiser schwer glaublich erscheint. Eher wäre wohl anzunehmen, daß die Zusammenkunft vor dem Landtag in Burghausen stattgefunden habe. Aber auch gegen Partenkirchen läßt sich Manches einwenden. Arnold von Lübeck spricht von einem feierlichen Reichstag, auf dem jene Scene zwischen Heinrich und dem Kaiser vorgefallen wäre, und schon dies widerspricht so sehr allen übrigen Quellangaben, daß man mit Recht auch seine Kenntniß des Ortes in Zweifel ziehen kann. Die Lautersberger Chronik aber schickt ihrer ganzen Nachricht ein „es wird erzählt" voraus, und diese Vorsicht des Berichterstatters wird auch uns zur Vorsicht bewegen müssen. Diese Zweifel wiegen aber doppelt schwer, weil ihnen eine bestimmte Angabe des Otto von St. Blasien [1]) entgegensteht, den auch Cohn als treuesten Gewährsmann bezeichnet [2]). Er nennt Chiavenna, nördlich vom Comersee, ausdrücklich als Ort der Zusammenkunft. Der Grund, durch den Prutz [3]) bestimmt wird, diese Angabe zu verwerfen, daß nemlich Heinrich sich wohl kaum bis auf den Schauplatz des Krieges, an dem Theil zu nehmen er sich so entschieden weigerte, begeben haben würde, ist wohl nicht ganz stichhaltig, zumal wenn man berücksichtigt, daß Chiavenna in der nördlichsten Spitze Oberitaliens gegen das Reich zu liegt. Nach der Erzählung des Abtes Burkhard von Ursperg [4]) soll Herzog Heinrich in Italien vom Kaiser sich hinterlistig entfernt haben und der Kaiser ihm bis an den Comersee nachgefolgt sein. Da aber bestimmt nachzuweisen ist, daß Heinrich

---

[1]) l. c. p. 601. Man vergl. auch p. 606.
[2]) l c. p. 471
[3]) Die Worte des Otto v. St. Blasien: „venienti obviam procedens", ermuthigen Prutz zu dem Ausspruch: „Damit fällt auch der letzte Einwand gegen den von mir versuchten Beweis, daß Chiavenna nicht der Ort der Zusammenkunft gewesen sei." Mit dem Ausdruck: Jemandem, den man zu sich beschieden hat, entgegen gehen, muß aber doch wohl nicht der Sinn verbunden sein, ihm in eine andere Stadt oder gar ein anderes Land voraus zu eilen.
[4]) Burchardi Historia Friderici I. ed. Christmann p. 76.

den Kaiser auf jenem italienischen Feldzuge nicht begleitet hat, wird die ganze Nachricht werthlos.

Auch die Nachrichten über die Vorgänge bei der Zusammenkunft selbst stimmen keineswegs überein. Bald paarten sich Sage und Geschichte und es ist schwer, in manchen Einzelheiten sogar unmöglich, den wirklichen Thatbestand aus der Mischung auszuscheiden.

Arnold von Lübeck legt dem Kaiser eine pomphafte Rede in den Mund, die den Sachsenherzog bewegen soll, mit ihm zur Ueberwältigung der Empörer nach Italien zu ziehen; doch zielt die ganze Darstellung offenbar vor Allem dahin, die großartige Machtstellung des Herzogs zu zeigen, ohne dessen Hilfe selbst der Kaiser in kläglicher Ohnmacht liege. „Der Herr des Himmels hat Dich erhöht," ruft der Kaiser dem starrsinnigen Herzog zu, „und Dich vor Allen mit Reichthum und Ehren begnadigt; die ganze Stärke des Reiches beruht auf Dir; so ist es billig, daß Du, um die Arme Aller zu diesem Werke zu kräftigen, Dich an die Spitze stellst, damit das Reich, welches jetzt zu wanken beginnt, durch Dich, der bisher anerkanntermaßen dessen vorzüglichste Stütze war, sich kräftig wieder erhebe." Da jedoch der Herzog sich noch immer weigert, und sich zwar zu jeglicher Dienstleistung erbietet, in eigener Person aber nicht mitkämpfen will, so erhebt sich der Kaiser von seinem Throne und fällt dem Herzog zu Füßen. „Der Herzog nun gerieth über einen so unerhörten Vorfall, daß der, unter dessen Füßen der Erdkreis sich beugt, erniedrigt am Boden lag, in große Bestürzung, und hob ihn so schnell wie möglich empor, willigte aber doch nicht in sein Begehr. Der Kaiser verbiß für den Augenblick den Ingrimm, der durch die gewaltige Beschämung, die er empfand, in ihm erzeugt war, und kehrte mit dem Heere, welches er damals zu bilden im Stande war, nach Italien zurück."

Gislebert von Hasnon [1] stellt den Trotz des Herzogs noch in ein weit grelleres Licht; nach seiner Darstellung ließ der Herzog den zu seinen Füßen hingestreckten Gebieter verächtlich liegen und verharrte durchaus bei seiner Weigerung, ihm überhaupt Hilfe zu senden.

---

[1] Gisleberti Hasnon. Historia ed. Chasteler p. 68.

Ebenso stark gefärbt ist die Schilderung der Lautersberger Chronik.[1]) Sie berichtet nicht nur, daß der Herzog den flehenden Kaiser hochmüthig vor sich liegen ließ, sondern bezüchtigt ihn sogar direkt eines verrätherischen Bündnisses mit den Lombarden. Die gleiche Anklage spricht Burchard[2]) von Ursperg als Vermuthung aus. Er läßt den Kaiser nicht einen wirklichen Fußfall thun, sondern „es habe nur den Anschein gewonnen, als wolle er dem Herzog zu Füßen fallen," was dieser aber taktvoll verhinderte. Er berichtet zuerst[3]) das höhnische Wort eines Truchsessen des Herzogs: „Laßt es geschehen, Herr, daß die Kaiserkrone zu Euren Füßen sinke, weil sie dann auch auf Euer Haupt kommen wird!" Die Annalen von Stade[4]) endlich lassen die Kaiserin bei der Unterredung anwesend sein und berichten, wie sie ihren Gemahl aus seiner unwürdigen Stellung emporgehoben und zur Rache an dem Welfen aufgefordert habe. Die glaubwürdigste Darstellung bietet nach unserer Ansicht auch hier Otto von St. Blasien.[5]) Er drückt sich zurückhaltender aus, der Kaiser habe den Herzog demüthiger, als es kaiserlicher Majestät geziemte, um Hilfe angefleht, gibt aber dann über eine Thatsache von Bedeutung Nachricht: „Da forderte Heinrich als Entgelt für seine Dienstleistung, daß ihm Goslar, die reichste Stadt Sachsens, die damals unmittelbar zum Reiche gehörte, lehensweise übertragen werde. Der Kaiser, der es für schimpflich hielt, daß ihm gegen seinen Willen ein solches Lehen abgepreßt werde, willigte durchaus nicht ein, und darüber erbittert verließ ihn Heinrich."

Eine solche Forderung Heinrichs ist an und für sich sehr glaublich; Goslar war nicht bloß eine reiche Stadt, sondern auch der Schlüssel Ostsachsens. Das Hauptstreben Heinrichs war aber stets dahin gegangen, Ostsachsen, dessen Fürsten zu den sächsischen Herzogen bisher nur in sehr zweideutigem Unterthanverhältniß gestanden hatten, fester mit dem Herzogthum zu vereinigen. Die an

---

[1]) l. c.
[2]) l. c.
[3]) Die Nachricht wird jedoch mit einem vorsichtigen „narratur" eingeleitet.
[4]) Ann. Stadenses (M. G. SS. XVI) ad ann. 1176.
[5]) l. c.

und für sich glaubwürdige Nachricht findet ihre Bestätigung durch die im Anfange des 13. Jahrhunderts geschriebenen und von Ottos Chronik völlig unabhängigen Marbacher Annalen.[1]) Diese, welche hier auf älteren Berichten zu beruhen scheinen, geben an: „Da dem Kaiser keine genügenden Streitkräfte, um die Reichsfeinde zu bewältigen, zu Gebot standen, bat er Herzog Heinrich um Hülfe. Dieser beklagte sich über den allzugroßen Verlust, den seine Mannen bei Crema und Mailand erlitten hätten und gab zur Antwort, er würde unter keiner andern Bedingung dem Reich sich hilfreich zeigen, wenn er nicht die Stadt Goslar als Lehen erhielte."

Spätere Chroniken vereinigten die einzelnen Angaben der zunächst stehenden Quellen und fügten noch weitere Umstände hinzu. Wie weit die von uns angeführten Nachrichten Glauben verdienen, läßt sich kaum entscheiden, da schon der Fall selbst, eine Unterredung, die wohl wenige Zeugen gehabt haben wird, divergirenden Gerüchten freien Spielraum ließ. So werden wir der Frage, ob Friedrich dem Welfen wirklich zu Füßen gefallen sei, oder ob es bloß den Anschein gehabt habe, ob Heinrich ihn taktvoll aufgehoben oder trotzig liegen gelassen habe, unerörtert lassen müssen, da wir keinen Bericht eines Augenzeugen dieser Scene besitzen. Der Truchseß Jordan von Blankenburg ist wirklich eine historische Persönlichkeit; er tritt auch in Urkunden Heinrich des Löwen aus den Jahren 1174 und 1175 auf.[2]) Und so trotzige Worte eines Vasallen des Welfenherzogs klingen nicht unglaublich, — sagt doch auch Heinrich von Witha zu Bischof Vicelin: „Weder Kaiser noch Erzbischof wird Euch helfen können, wenn mein Herr widerstrebt, denn Gott hat ihm dies gesammte Land übergeben!"[3]) Auch wissen wir, daß die Kaiserin sich im Jahre 1176 bei ihrem Gemahl in Italien befand, allein ob die Worte, die ihr und dem Jordan von Blankenburg in den Mund gelegt werden, wirklich bei jener Scene fielen, auch dies werden wir unentschieden lassen müssen.

---

[1]) Annales Marbacenses (M. G. SS. XVII.) ad r. ann. 1180.
[2]) Or. Guelf. III. p. 524. 531.
[3]) Helmold l. c, I. c. 69.

Wir halten uns an die Angaben des Otto von St. Blasien, die durch innere Wahrscheinlichkeit und durch andere Aussagen am meisten beglaubigt sind. Heinrich kam im Anfang des Jahres 1176 nach Bayern, und begab sich dann zur Unterredung mit dem Kaiser, die in oder bei Chiavenna statt fand. Der Kaiser bat den Herzog flehentlich um Hilfe gegen die Lombarden und ging so weit, daß er seine kaiserliche Majestät vergessend, sich vor dem Unterthanen erniedrigte. Heinrich verlangte als Entgelt für seine zu leistenden Dienste die Stadt Goslar, und verließ den Kaiser, als ihm diese Forderung abgeschlagen wurde. Soweit darf nach unsrer Ansicht die Tradition als glaubwürdig bezeichnet werden.

Der offene Bruch zwischen dem Kaiser und dem Herzog von Bayern und Sachsen bot von jeher ein reiches Feld zu den verschiedenartigsten Auslegungen, da er um so überraschender eintritt, weil vorher sich nur wenige Anzeichen eines solchen Umschwungs ihres Verhältnisses erkennen lassen. Die Lage des Kaisers ist klar. Während in seinem Rücken in Deutschland die „Katholischen" sich fester als je an einander schlossen, war er in Italien auf diesem seinem fünften Feldzug bisher wenig glücklich gewesen, und da gerade die süddeutschen Fürsten, die sonst schon der natürlichen Lage wegen stets die Hauptstütze der Könige auf ihren Römerzügen gewesen waren, sich apathisch verhielten, war er in die bedenklichste Lage versetzt, so daß die demüthigen Bittworte, mit denen er den mächtigen Heinrich bestürmt haben soll, sehr erklärlich erscheinen. Auch war es für ihn von besonderem Interesse, während eines so langwierigen Feldzugs den stolzen, ehrgeizigen Heinrich selbst bei sich in Italien zu haben; Heinrich sollte von den norddeutschen Interessen, die er fast ausschließlich verfolgte, abgezogen werden und dem Reiche zur Erreichung jener Pläne behilflich sein, um deren willen ihm so gewaltige Macht verliehen worden war [1]). Doch gerade da-

---

[1]) Eine ausführliche, aber sehr sublime Schilderung der damaligen Verhältnisse giebt Gervais, Friedrich Barbarossa, Heinrich der Löwe und die deutschen Fürsten in ihren Verhältnissen zu einander, in den Neuen Jahrbüchern der Gesch. u. Politik, herausg. v. Bülau, 1839. I. p. 417 ꝛc.

mals strebten Heinrichs Pläne den Wünschen des Kaisers unversöhnlicher als je entgegen.

Prutz¹) sieht den Hauptgrund der Weigerung Heinrichs, auf die Forderung des Kaisers einzugehen, darin, daß „ganz Sachsen gegen ihn in wilder Gährung war und ihm dort ein sehr schwerer, zugleich entscheidender Kampf drohete." Doch wir werden nicht gewahr, was ihn gerade damals so drohend gefährdet hätte. Allerdings war Sachsen in den Jahren 1174—75 der Schauplatz einer furchtbaren Fehde, allein sie wurde von zwei Fürsten, die beide schon als Gegner Heinrichs sich gezeigt hatten, unter einander ausgefochten und der Herzog hatte nur zum Schutze des einen von ihnen die Waffen ergriffen und sie mit dem durchgreifendsten Erfolg geführt. Außerdem sehen wir ja gerade die erbittertsten Feinde Heinrichs nach Italien eilen, um den Kaiser, in dem sie ihren natürlichen Halt gegen den übermächtigen Herzog erblicken, im Kampf gegen die Lombarden zu stützen. Da sich auf solche Weise jener Schritt Heinrichs nicht erklären läßt, wird man wohl annehmen müssen, daß Heinrich nicht aus Noth, sondern aus freiem Entschluß den Bruch mit dem Kaiser herbeigeführt habe, da sich seine Interessen mit denen des Kaisers kreuzten, und wenn wir die Ansicht auszusprechen wagen, daß das Verlangen nach Unabhängigkeit im Streit der Gedanken und Gefühle Heinrichs die Entscheidung herbeigeführt habe, so ist dies zwar bloß Vermuthung, aber sie wurzelt in der Betrachtung der gegebenen Umstände und der Würdigung des Charakters des Herzogs. Sein Ehrgeiz, der überall hervortritt, konnte sich nicht auf die Länge mit einem zweiten Platze begnügen; Heinrich müßte nicht ein Welfe, nicht der Sohn jenes Herzogs gewesen sein, den seine Freunde den hochsinnigen, seine Feinde den hochmüthigen genannt hatten, und der im Kampf um den ersten Ehrenplatz im Reiche dem Staufer Conrad unterlegen war. Heinrich der Löwe hatte seine Kraft vornehmlich im Norden Deutschlands, in den Marken gegen die Dänen und Slaven concentrirt und dort sich ein Reich geschaffen, dessen Interessen wenig mit denen des eigentlichen

---

¹) Heinrich b. L. p. 299.

Reiches, das in Italien eine leicht verwundbare Achillesferse hatte, verknüpft waren. Die Nachricht der Marbacher Annalen, daß Heinrich die gewaltigen Opfer, welche ihm die italienische Politik Friedrichs schon gekostet hatte, als Grund seiner Weigerung bei jener Zusammenkunft angeführt habe, ist wohl zu würdigen; denn wenn sie uns auch nicht zur Annahme nöthigt, daß Heinrich wirklich diese Gründe vorgebracht, so zeigt sie doch, daß man damals dem Welfenherzog solche Gedanken zuschrieb. So ist der Ausspruch L. Giesebrechts [1]) nicht ohne Berechtigung, daß die Weigerung Heinrichs als nationale That der Sachsen in und an den Wendenmarken aufzufassen sei.

Auch war das persönliche Verhältniß zwischen Kaiser und Herzog, in den ersten Jahren von Friedrichs Regierung so freundschaftlich und fest, in den letzten Jahren durch mancherlei Veränderungen der früheren Sachlage gelockert worden. Damals war ihr Interesse besonders dadurch enger verflochten gewesen, daß beide noch keine männlichen Nachkommen hatten, und jeder sich als Erben des Anderen betrachtete. Friedrich selbst hatte die Hoffnung Heinrichs, im Fall des Ablebens des Kaisers dessen Thron einzunehmen, genährt und ihn, nach dem Sohne des Königs Conrad als zweiten Thronfolger designirt.[2]) Doch 1165 erhielt Kaiser Friedrich einen Sohn, Heinrich, und auch Friedrichs Hoffnungen wurden getäuscht, als Heinrichs zweite Gemahlin Mathilde mehrere Söhne gebar. Zugleich hatte die Erwerbung der Erbschaft des alten Herzogs Welf VI. durch den Kaiser bei Heinrich dem Löwen neidischen Mißmuth erregen müssen. Welf hatte nemlich, als er seines großen Aufwandes wegen, den er bei seinen Gelagen und Turniren machte, in Geldverlegenheit gekommen war, zuerst von seinem Neffen Heinrich 1168 für die Zusicherung seiner Erbgüter gewisse Geldsummen gefordert.[3]) Aber Heinrich, dem diese Erbschaft ohnehin sicher schien, gab den Wünschen des Oheims kein Gehör; dieser verpfändete nun seine Besitzungen seinem Schwestersohn, dem Kaiser Friedrich. So verlor

---

[1]) Wendische Geschichten III. p. 239.
[2]) Auctuarium Affligemense (M. G. SS. VI) ad ann. 1160.
[3]) Otto de St. Blasio l. a. c. 21.

Heinrich um ein Linsengericht seine näheren Ansprüche, wenn er auch den Verlust sich selbst zuzuschreiben hatte. Der vereinzelten Angabe einer weit späteren Chronik,¹) daß Friedrich schon während des Aufenthalts des Herzogs im Morgenland feindselig gegen jenen aufgetreten sei und die sächsischen Großen selbst gegen ihren Herzog aufgewiegelt habe, ist wenig Werth beizulegen.

Die Maßregeln, die Heinrich der Löwe nach der Zusammen=kunft mit dem Kaiser zu treffen sich beeilte, bekräftigen unsre An=sicht, daß Heinrich wirklich sich mit feindlichen Plänen gegen den Kaiser trug.

Am 29. Februar, also nach unsrer Auffassung bald nach der Zusammenkunft, hielt Heinrich der Löwe zu Burghausen einen bay=rischen Landtag ab. Es waren dabei anwesend der Markgraf Berthold von Istrien, der Oheim des zu Regensburg abgesetzten Salzburger Erzbischofs Adalbert, der junge Sohn Bertholds, Markgraf Berthold von Vohburg und sein Bruder Diepold, Pfalzgraf Otto von Wittelsbach, Burggraf Friedrich von Regensburg, Heinrich, Graf von Plain und andere bayerische Edle.²) Huschberg zieht daraus, daß Pfalzgraf Otto nicht mehr nach Italien zurückgekehrt sei, die Folgerung, daß auch Ottos Anhänglichkeit an den Kaiser erkaltet sei³). Allein wenn man Ottos Stellung in der Salzburger Ange=legenheit, und die Belohnung, die ihm in der nächsten Folgezeit zu Theil wird, in Betracht zieht, darf man der Vermuthung Raum geben, daß Friedrich selbst den treuen Diener damals gern in Bayern sah, wo die Opposition gegen ihn in ein so bedenkliches Stadium getreten war.

Von Burghausen wandte sich Heinrich nach Ranshofen, wo er den langwierigen Streit zwischen dem Kloster Reichersberg und dem Edlen Heinrich von Stein durch richterlichen Machtspruch endete.⁴)

---

¹) Gobelinus Persona, Cosmodromium. Meibomius, SS. r. Germ. I p. 271.
²) Urkbch. d. L. ob d. Ens I p. 349.
³) Huschberg, Gesch. d. Hauses Scheyern-Wittelsbach. p. 323.
⁴) Urkbch. des L. ob d. Ens I p. 343 ꝛc.

Gerade dieser Vorfall zeigt am deutlichsten, daß Heinrich jetzt mit den „Katholischen" in Verbindung zu treten suchte, um an ihnen Bundesgenossen gegen den Kaiser zu gewinnen. Während er früher vergeblich um Hilfe gegen den Edlen von Stein angegangen worden war und erklärt hatte, der Machtspruch des Kaisers zu Gunsten des Grafen habe es ihm unmöglich gemacht, dem Kloster hilfreich die Hand zu bieten, ging er jetzt, da ihm der Streithandel neuerdings vorgetragen worden war, mit der äußersten Strenge gegen den Ruhestörer und Landfriedensbrecher vor und würde ihn sogar am Leben gestraft haben, wenn nicht die Reichersberger Mönche Fürbitte eingelegt hätten. Doch wurde das Kloster in seine vollen Rechte eingesetzt.

Dies Auftreten des Herzogs erklärt uns auch die Bedeutung des weiteren Schrittes, den er unmittelbar darauf unternahm. Er ging zu einer Unterredung mit dem Herzog Heinrich Jasomirgott von Oesterreich nach Ens,[1]) das zu dem bayrischen Traungau gehörte, den die Markgrafen von Steiermark vom bayrischen Herzogthum zu Lehen besaßen.[2]) Ueber Zweck und Erfolg der Unterredung fehlt uns zwar jegliche Nachricht, doch ist es einleuchtend, daß politische Fragen dort erörtert wurden; der Herzog von Oesterreich war der eifrigste Beschützer des Erzbischofs Adalbert und war von Papst Alexander III. zur Vertheidigung desselben bringend aufgefordert worden.[3]) Herzog Heinrich Jasomirgott starb schon am 13. Jänner des folgenden Jahres,[4]) so daß wir nicht Gelegenheit erhalten, aus seinem späteren politischen Verhalten auf Verabredungen bei jener Zusammenkunft in Ens zurück zu schließen. Sein Sohn Leopold, der ihm in der Herzogswürde folgte, betheiligte sich wenigstens nicht

---

[1]) Urkdbch. b. L. ob d. Ens I p. 349 ⲥc.
[2]) Brunner, das gerichtl. Exemtionsrecht der Babenberger, in den Sitzungsberichten der k. k. Akademie zu Wien. Jhrgg 1864. p. 355.
[3]) Meiller, Regesten z. Gesch. d. Babenberger p. 49.
[4]) Chronicon Claustro-Neoburgense. Rauch, scr. rer. Austriac. I p. 61.

an den feindlichen Schritten des Kaisers und der Fürsten gegen Heinrich. Zum letzten Mal in Bayern hielt Heinrich der Löwe in Ens Gericht über Landesangehörige; dann begab er sich nach Sachsen und hat Bayern nie wieder betreten. Während Heinrich der Löwe in trotziger Widerspenstigkeit vom Kaiser fern blieb und in Deutschland gefährliche Pläne schmiedete, gewann die Kunde davon dem Kaiser von den Nachbarn Heinrichs, die dessen ehrgeizige Pläne fürchteten, bereitwillige Hilfe. Besonders der Erzbischof Philipp von Köln, der fortwährend von dem gefährlichen Nachbar bedroht und beunruhigt wurde, traf große Rüstungen, um dem Kaiser ergiebige Unterstützung leisten zu können. Er nahm nicht Anstand, Güter des Erzstifts für 400 Mark, die ihm zur Deckung der Kosten der Rüstung nothwendig waren, an einen Grafen von Berg zu verpfänden.[1]) Die Worte, die er der Urkunde über diesen Tauschvertrag einflicht, klingen wie eine Antwort auf Heinrichs Weigerung. „Wenn wir aufmerksam erwägen, mit welchem Eifer und welcher Treue unsere ehrwürdigen Väter darnach getrachtet haben, das Ansehen und die Würde des römischen Kaiserthums zu erhöhen, ist es erforderlich und pflichtgemäß, daß wir uns ihre trefflichen Eigenschaften und ihre treue Ergebenheit zum Muster nehmen und weder durch Kriegskosten noch Menschenverluste zurückgeschreckt werden!" — Anfangs Mai zogen Erzbischof Philipp von Köln, Erzbischof Wichmann von Magdeburg, Conrad, der Erwählte von Worms und andere Fürsten über die Alpen[2]). Der Kaiser zog ihnen hocherfreut entgegen[3]), doch war die Hilfe nicht ausreichend, um den Angriff auf die schlachtbereiten Lombarden wagen zu können. Deßhalb mußte er an eine Vereinigung mit der Heeresabtheilung des Erzbischofs Christian von Mainz und des Mark-

---

[1]) Lacomblet, Urkdbch. vom Niederrhein I p. 319.
[2]) Die oben angeführte Urkunde ist am 23. April 1176 zu Köln ausgestellt. — Annales Magdeburgenses (M. G. SS. XVI) ad ann. 1176. — Ann. Colonienses maximi (M. G. SS. XVII) ad ann. 1176. — Otto de St. Bl. l. c. cap. 23.
[3]) Romualdi Annales l. c. p. 441.

grafen von Montferrat¹) und den Pavesern²) denken. Um diese Verbindung zu verhindern, zogen ihm die verbündeten Lombarden schnell entgegen³) und aus einem Vorpostengefecht bei Legnano entwickelte sich am 29. Mai⁴) die entscheidende Schlacht, in der die Lombarden, an Zahl den Gegnern weit überlegen⁵) und mit dem Muthe der Verzweiflung kämpfend, für sich den Sieg ertrotzten und die Kaiserlichen trotz der tapfersten Gegenwehr zur Flucht zwangen⁶). Friedrich selbst entfloh, als das Ende des Kampfes nicht mehr zweifelhaft war, und tauchte, von den Seinen schon als todt beklagt, erst nach mehreren Tagen wieder in Pavia auf⁷).

Der Tag von Legnano hatte all sein langjähriges Streben, die kaiserliche Herrschaft in Italien zu befestigen, völlig vereitelt. So viele Menschenleben, so bedeutende Kriegskosten, so viel Muth und Ausdauer waren umsonst vergeudet, der Kaiser in eigener Person war mit Mühe der Schmach der Gefangenschaft entronnen und saß jetzt gebemüthigt und widerstandsunfähig zu Pavia, nur von wenigen Treuen umgeben. Den Urheber dieser schimpflichen Wendung des Schicksals mußte der Kaiser in dem widerspenstigen Welfen erblicken und deutlicher als je mußte er die Gefahr, die ihm von jenem drohte, der jetzt schon Nebenbuhler seiner Macht war, vielleicht bald als Nebenbuhler seiner Würde auftreten könnte, erkennen. Wenn er auch noch geraume Zeit lang keine offenen feindlichen Schritte gegen Heinrich unternahm, da er hiezu auch nicht einmal die Kräfte hatte, so ist doch die Vermuthung, daß Friedrich schon damals im Geiste erwogen, wie er den trotzigen, übermächtigen Herzog beugen

---

¹) Annal. Magdeburg. l. c.
²) Vita Alexandri III. l. c. p. 467.
³) Romualdi Ann. l. c.
⁴) Vita Alex. l. c.; Romualdi Ann. l. c.
⁵) Selbst von Muratori, Geschichte Italiens VII p. 252 (deutsche Uebersetzung) zugestanden.
⁶) Ann. S. Petri Erphesphurd (M. G. SS. XVI) ad ann. 1176. — Ann. Magdeburg. l. c. — Ann. Pegavienses (M. G. SS. XVI) ad ann. 1176. — Ann. Mediolanenses l. c. — Otto de St. Blasio l. c. etc.
⁷) Romualdi Ann. l. c.

und die Schmach von Legnano an dem Urheber rächen könne, gewiß nicht unbegründet. Die mißliche Lage, in welche der Kaiser gekommen war, erzwang einen vollständigen Umschwung seiner Politik; nicht wenig mag dazu auch der Wunsch, freie Hand gegen den übermüthigen Lehensmann in Deutschland zu gewinnen, beigetragen haben. Um sich die fest geschlossene Coalition der Anhänger Alexanders zu gewinnen, suchte er, obwohl die Lombarden in gefährlicher Nähe standen, nicht von diesen zuerst, sondern vom Papst Frieden zu erwirken und bot selbst die Hand dazu. Die heimlichen Anhänger Alexanders erhoben jetzt im eigenen Lager des Kaisers ihr Haupt; ja selbst der bisherige Vertheidiger des kaiserlichen Papstes in Italien, der Mainzer Christian, soll unerschrocken erklärt haben, daß sie alle im Herzen Alexander als wahren Papst verehrten[1]). Frieden und Versöhnung! rief das ganze Reich[2]).

Im Spätherbst 1176 ging eine kaiserliche Gesandtschaft, an deren Spitze Erzbischof Wichmann von Magdeburg stand[3]), nach Anagni und vermittelte eine Reihe gegenseitiger Zugeständnisse, die als Friedensbasis dienen konnten[4]). Den 26. Artikel dieses Vertrages bildete das Versprechen des Kaisers, Frieden mit der Kirche und Waffenstillstand auf 15 Jahre mit dem König von Sicilien, dem Bundesgenossen des Papstes, und auf 6 Jahre mit den Lombarden zu schließen[5]). Nachdem dem Kaiser sicheres Geleit nach Venedig zugesagt worden war, wurde nun dort das Friedenswerk fortgeführt. Doch nur langsam, von verschiedenartigen Zwischenfällen gehemmt, gediehen die Berathungen zur Reife; besonders die bisherigen Anhänger Alexanders in Deutschland geriethen in große Furcht, der Papst möchte sich zu große Zugeständnisse gefallen lassen

---

[1]) Ibid.
[2]) M. G. SS. II p. 150.
[3]) Er wird als Friedensstifter hoch gefeiert. (Carmina Burana ed. Schmeller p. 14.
[4]) M. G. SS. II l. c.
[5]) l. c.

und wandten sich in massenhaften Vorstellungen und Petitionen an Alexander¹).

Endlich im Juli 1177 wurde der Kaiser vom Papst zur Sanktionirung der Friedensbeschlüsse nach Venedig eingeladen. Am 24. Juli langte er dort an und wurde zwar höchst ehrenvoll empfangen, doch genoß Alexander die Genugthuung, denselben stolzen Potentaten, der noch vor wenigen Monaten von „dem, den man Alexander nennt," gesprochen²), zu seinen Füßen zu sehen³) und aller Jubel und alles Festgepränge konnte die vollständige Niederlage des Kaiserthums im Streit mit dem Papstthum nicht verbergen. Auch die Schuld dieser Demüthigung mußte in des Kaisers Augen auf Heinrich dem Löwen lasten. Am 1. August fand der feierliche Friedensschluß in Gegenwart einer höchst glänzenden Versammlung statt⁴). Es war der Beschluß gefaßt worden, daß die vom Kaiser während des Schisma's in Deutschland aufgestellten Erzbischöfe von Mainz, Köln und Magdeburg die päpstliche Bestätigung erhalten sollten. Dagegen gab der Kaiser gern seine Einwilligung dazu, daß an Stelle des von ihm eingesetzten Bischofs Gero von Halberstadt der frühere Bischof Ulrich zurückkehre, da sich Ulrich während seiner Regierung als der erbittertste Feind Heinrich des Löwen bewiesen hatte⁵).

Die päpstliche Bestätigung Christians von Mainz veranlaßte den Cardinal Conrad von Wittelsbach, der mit seinem Bruder, dem Pfalzgrafen Otto, zu Venedig anwesend war⁶), klagend vor den Papst zu treten und ihn mit gerechtfertigter Entrüstung daran zu erinnern, wie er aus Anhänglichkeit an Alexander seine erzbischöfliche Würde geopfert und während des Schismas als Legat der römischen Kirche die ersprießlichsten Dienste geleistet habe⁷). Da der Kaiser

---
¹) Reuter l. c. III p. 253.
²) M. G. LL. II p. 150.
³) Romuald. Ann. l. c. p. 452: „rejecto pallio ad pedes papae totum se extenso corpore inclinavit."
⁴) M. G. LL. II p. 154.
⁵) Arnold v. Lübeck l. c. II c. 3.
⁶) Cronaca Altin. Archivio storico It. VIII p. 177.
⁷) Rom. Ann. l. c. p. 454.

hartnäckig auf der Bestätigung seines treuen Erzkanzlers Christian bestand, ja sogar seine Zustimmung zum Frieden davon abhängig machte[1]), mußte ein Ausweg gefunden werden. Der Erzbischof Adalbert von Salzburg war auf den Ruf des Papstes in Venedig erschienen, um seine Rechte zu vertheidigen, doch ward dem Vorkämpfer des Alexandrinismus im südlichen Deutschland von Alexander selbst gar schlimmer Lohn: er mußte sein Erzstift in die Hände des Papstes resigniren. Aber auch Heinrich von Berchtesgaden, der 1174 zu Regensburg auf den erzbischöflichen Stuhl von Salzburg erhoben war, mußte sein Amt niederlegen[2]). Das auf solche Weise vacant gewordene Erzstift ward dem Wittelsbacher Conrad bestimmt und von den eben anwesenden Bischöfen und Prälaten der Salzburger Erzdiözese wurde dieser einstimmig gewählt[3]). Noch von Venedig aus richteten sowohl der Papst als der Kaiser Briefe an den Klerus und das Volk in Salzburg, die von den Vorgängen in Venedig Kunde gaben und zum Gehorsam gegen den neuen Erzbischof aufforderten[4]). Auch versprach der Kaiser, „er wolle, obwohl seine Majestät so oft von ihnen arg beleidigt worden sei, dennoch, von Gottesfurcht und Verehrung für den hl. Rupert bewogen, mit gewohnter kaiserlicher Milde sowohl sie als ihre Kirche gnädig ansehen und kraft kaiserlichen Beschlusses in den früheren Stand zurück versetzen."

So wurde durch vereintes päpstliches und kaiserliches Ansehen die Partei Adalberts, die über die Maßregel Alexanders Anfangs nicht minder erbittert war, als früher über die kaiserlichen Anordnungen zum Schweigen gebracht. Für die Entwicklung der Verhältnisse in Bayern in den letzten Jahren und den Wechsel im Herzogthum war die Erhebung Conrads, eines Wittelsbachers, der von Papst und Kaiser zugleich investirt war[5]) und nach dem Frieden von Venedig dem Kaiser ebenso treffliche Dienste leistete, als er sich vorher um Papst Alexander verdient gemacht hatte, von größter Wich-

---

[1]) Ibid.
[2]) M. G. LL. II p. 159.
[3]) Rom. Ann. l. c. p. 455.
[4]) Chron. Magni Pr. l. c. ad ann. 1177.
[5]) M. G. LL. l. c.

tigkeit. Er eilte sogleich nach seinem neuen Erzstift¹), wo er zwar Anfangs an den Anhängern des abgesetzten Adalbert erbitterte Gegner fand²), aber doch durch sein kräftiges Auftreten bald die in gänzliche Verwirrung verstrickten Rechtsverhältnisse des Erzstifts ordnete und Frieden und Eintracht wieder herstellte, so daß ihn der Kaiser, der ihn im Juni 1176 zu sich in die Lombardei rief³), mit einem wichtigen Privileg, das ihm den Besitz des ganzen Erzstifts bestätigte, belohnte⁴). Für Heinrich den Löwen war eine wichtige Stütze gesunken, während das Ansehen und der politische Einfluß der Wittelsbacher sich glänzender als je erhoben.

3.
Sturz Heinrichs des Löwen.

Nachdem Papst Alexander III. durch den Erzbischof von Mainz, den Bischof von Worms und andere deutsche Prälaten und Fürsten feierlich nach Rom zurückgeleitet worden war⁵), dachte auch Friedrich im Juni 1178 an die Heimkehr. Doch wandte er sich vorher rasch über Schwaben nach Burgund, wo er sich am 30. Juli in Arles mit großem Pomp krönen ließ⁶). Mit kluger Berechnung wählte er gerade diesen Zeitpunkt für den feierlichen Akt der Krönung in Burgund, die neuen Glanz auf die kaiserliche Würde warf, bevor er in

---

¹) Am 20. Sept. 1177 Schenkung an St. Zeno. — (M. B. III p. 548.)
²) Ann. Mellic. Auctuar. Garst. (M. G. SS. IX) ad ann. 1183: „Moritur in Tuscia Christianus Mognetinus heu male archiepiscopus, cui subrogatur Chunradus Juvaviensis injuste archiepiscopus et Juvavienses revocant suum debitum archipresulem Albertum Bohemum per imperatorem injuste depulsum."
³) Contin. Claustroneob. tert. (M. G. SS. XI) ad ann. 1178.
⁴) Ibid.
⁵) Ann. Pegav. l. c. ad ann. 1178. — Ann. Magdeburg. l. c.
⁶) Ann. Pegav. l. c. — Ann. Aquenses (M. G. SS. XVII) ad ann. 1178. — Gallia christiana I p. 99.

das Reich, wo ein neues Schisma, diesmal unter den mächtigsten weltlichen Fürsten auszubrechen drohte, zurück kehrte. Am 15. August hielt er einen Hoftag zu Besançon¹); dann eilte er nach Ulm²), um durch seine persönliche Anwesenheit den Umtrieben Heinrichs unter den schwäbischen Grafen³) ein Ende zu setzen. In ähnlicher Absicht ging er dann im September nach Regensburg, wohin er die bayerischen Großen berufen hatte, „um die Krebsschäden, die in Bayern eingerißen wären, auszurotten⁴)." Dann begab er sich nach Speyer⁵).

Heinrich der Löwe hatte nicht gesäumt, seine eigenen Kräfte für den drohenden Kampf um seine Machtstellung zu verstärken. Allein sein strenger, hochstrebender Charakter war wenig geeignet, die Unzufriedenen und Neuerungssüchtigen, die sonst zu jeder Zeit die Heere der deutschen Gegenkönige furchtbar gemacht hatten, auf seine Seite zu ziehen, da sie ja von einem solchen Bundesgenoßen wenig Vortheil für ihre particularen Interessen erwarten konnten. Seine Annäherung an die päpstliche Partei war wegen des plötzlichen Todes des Herzogs von Oesterreich und des Friedensschlußes von Venedig von keinem praktischem Erfolge begleitet. Nur in Schwaben, wo er zahlreiche Stammgüter besaß, war es ihm gelungen, Anhang zu gewinnen; wie eine glaubwürdige Quelle berichtet⁶), hatten sich die Grafen von Zollern, Veringen und andere Edle eng mit ihm verbunden. In wie fern die Gesandtschaft Heinrichs, die im Herbst 1176 am Hof des Königs von England, seines Schwiegervaters erschien⁷), mit seinen Plänen in Beziehung stand, läßt sich bei dem Schweigen aller andern Quellen nicht bestimmen. Den Dänenkönig

---

¹) Ann. Colon. max. l. c.
²) Ann. St. Georgii (M. G. SS. XVII) ad ann. 1178. — Continuatio Gerlaci Milovic. (M. G. SS. XVII) ad ann. 1178.
³) Burchardi Hist. Fried. l. c. p. 77.
⁴) Ep. Fried. imp. ad abb. Tegernsee. M. B. VI p. 186.
⁵) Zu Speyer bestätigt er am 31. Okt. dem Kloster Eußernthal eine Schenkung. (Würdtwein, Nova subsid. dipl. XII p. 102.)
⁶) Burchardus l. c. p. 77.
⁷) Benedictus Peterborough., de vita et gestis Henrici II. Bouquet, Recueil des historiens des Gaules XVII p. 441.

Walbemar, mit bem er sich gegen die Slaven verbündet hatte, ging er um Beistand auch für die nahenden Kämpfe in Deutschland an, doch machte ihm Walbemar bloß das Zugeständniß, Niemanden zu eröffnen, daß er ihm seinen Beistand verweigert habe[1]).

Inzwischen war schon um ihn selbst das Jagdgarn enger und enger gezogen worden. Seine alten Widersacher, die sächsischen Fürsten, die schon einmal sich in mächtigem Bunde gegen ihn erhoben hatten, damals aber mit Hilfe des Kaisers gedemüthigt worden waren, faßten den Beschluß, den Bruch Heinrichs mit dem Kaiser zu benützen, um neuerdings den Versuch zu machen, den übermächtigen Herzog, der ihre Unabhängigkeit zu untergraben suchte, zu Falle zu bringen. Die Feindschaft des Kaisers war bloß die Veranlaßung zum Sturze des Herzogs, die Ursache lag schon in den früheren Verhältnißen desselben zu den sächsischen Fürsten. Heinrich war als der entschiedenste Gegner der Bestrebungen der sächsischen Fürsten nach unbeschränkter Territorialherrschaft aufgetreten und hatte besonders die geistlichen Fürsten mit aller Strenge unter seiner Gerichtsbarkeit festgehalten. Er hatte sogar den Versuch gemacht, seine herzogliche Gewalt auch über den kölnischen Sprengel westfälischen Antheils auszubreiten[2]) und die Stadt Köln selbst sich zu unterwerfen[3]). Diese Oppositionspartei gegen Heinrich trat jetzt wieder offen auf und der Kaiser selbst hatte ihr gleichsam einen Führer gegeben, indem er in das Verlangen des Papstes, daß der frühere Bischof Ulrich von Halberstadt, der unermüdlichste Widersacher des Welfenherzogs, an Stelle des Schismatikers Gero wieder eingesetzt werden solle, einwilligte.

Ulrich begann ohne Aufschub den Kampf, der auch für die nahen Veränderungen im Herzogthum Bayern von höchster Wichtigkeit ist. Als Stützpunkt für die Unternehmungen gegen Heinrich baute er noch im Jahre 1177 eine Burg auf dem Hoppelberg bei

---

[1]) Saxo Grammaticus, hist. Danica, lib. XV p. 324.
[2]) Weiland, das Herzogthum Sachsen ꝛc. p. 135. — Peter, Analecta ad historiam Philippi de Heinsberg p. 25.
[3]) „Urbis Agrippinae, cui copia multa marina,
   Sepe fuere minae ducis, amplius tollere fines,
   Jura suis dominis nulla quieta tulit." (Godefredi Viterbiensis carmen de gestis Fried. I. ed. Ficker p. 63.)

Halberstadt¹). Heinrich, der auf die Kunde von der Rückkehr des Bischofs Ulrich einen Zug gegen die Slaven, den er mit dem Dänenkönig Waldemar gemeinsam unternommen hatte, aufgegeben und mit den Slaven ein friedliches Uebereinkommen getroffen hatte²), ließ die neue Veste zerstören³). Doch unterstützt von Markgraf Otto von Meißen und Graf Bernhard von Anhalt und anderen sächsischen Großen⁴) stellte Ulrich die Burg wieder her. Herzog Heinrich zog nun selbst mit Heeresmacht heran, doch brachte Wichmann von Magdeburg, der in diesem Jahre sich noch neutral verhielt, einen Friedensschluß zu Stande⁵). Als aber die Burg bald darauf durch eine Feuersbrunst in Asche gelegt wurde⁶) und man die Brandstifter wohl zu kennen glaubte, beschlossen Ulrich und die genannten Fürsten die Erneuerung der Feindseligkeiten. Ein Heer des Herzogs unter Anführung des Pfalzgrafen Albrecht von Sommerschenburg erlitt eine schimpfliche Niederlage⁷). Dennoch verbot der Kaiser, der inzwischen nach Deutschland zurückgekehrt war, die neuerdings im Aufbau begriffene Festung auf dem Hoppelberg wieder herzustellen⁸).

Aber mit dem Kaiser war auch der gefährlichste Gegner Heinrichs zurückgekehrt, der sogleich in die Reihe der gegen jenen Verbündeten eintrat, Erzbischof Philipp von Köln. Im Herbst des Jahres 1178 schloß Philipp mit Bischof Ulrich zu Cassel ein enges Schutz- und Trutzbündniß gegen Heinrich⁹) und ein Streifzug der Verbündeten bis an die Weser brachte über das Land des Herzogs

---

¹) Arnold Sub. l. c. lib. II c. 6.
²) Ibid. l. II c. 1.
³) Ann. Palidenses l. c. ad ann. 1177. Ueber die Burg Hoppelberg siehe Fechner, Leben des Erzbischofs Wichmann von Magdeburg, in Forschgn. z. d. Gesch. V p. 480.
⁴) Ann. Palidenses l. c.
⁵) Ann. Pegav. l. c.
⁶) Ibid.
⁷) Ibid. — Arnold Lub. l. c. II c. 6.
⁸) Ibid.
⁹) Pruß, Heinrich der Löwe. Beilagen. Urkunde 17.

alle Schrecken des Krieges¹). Noch einmal vermittelte der Erzbischof Wichmann einen Vergleich²). Wie es scheint, wurde damals der Beschluß gefaßt, die Entscheidung über den Streithandel dem Kaiser zu überlaßen, denn Heinrich begab sich nach Speyer, wo der Kaiser sich damals aufhielt, und beklagte sich in Gegenwart des Erzbischof Philipp über die Unbilden, die ihm zugefügt worden seien³). Friedrich enthielt sich vorläufig der Entscheidung und berief Kläger und Beklagte auf den nächsten Reichstag, der im Januar 1179 zu Worms abgehalten werden sollte⁴).

Man hat diese Maßregel, sowie das Verbot, die Festung auf dem Hoppelberge auszubauen, als Zeichen versöhnlicher Gesinnung des Kaisers gegen den Herzog angesehen und daraus gefolgert, daß der Kaiser nicht einschneidende Maßregeln nehmen, sondern die Sache in Ruhe und Milde beilegen wollte⁵). Allein der Kaiser mußte doch schon deutliche Zeichen einer feindlichen Stimmung an den Tag gelegt haben, denn warum wäre sonst Herzog Heinrich nicht auf dem anberaumten Tage zu Worms erschienen, um als Kläger dort seine Sache zu vertreten? —

Eine Betheiligung bayerischer Fürsten an dem Konflikt der sächsischen Großen mit Heinrich für oder wider ihn ist nicht nachzuweisen; vielmehr setzt es in Staunen, daß, während in dem einen Herzogthum des Welfen alle Kräfte des Landes im heftigsten Kampf mit einander begriffen sind, aus dem andern fast nur friedliche Nachrichten einlaufen, die von der Ruhe und Ordnung Zeugniß geben, die nach den Wirren der vergangenen Jahre glücklich wieder hergestellt waren. Erzbischof Conrad hatte den Bischof Richer von Brixen bewogen, freiwillig seine bischöfliche Würde niederzulegen und hatte die Wahl des ehemaligen Erzbischofs von Salzburg, Heinrich

---

[1] Ann. Stederburgenses (M. G. SS. XVI) ad ann. 1178. — Ann. Colon. max. l. c.
[2] Ann. Pegav. l. c. — Ann. S. Petri Erphesphurd. (M. G. SS. XVII) ad ann. 1178. — Chronicon Mont. ser. l. c.
[3] Arnold L. l. c. cap. 10.
[4] Ibid.
[5] Prutz, Heinrich d. L. p. 311.

von Berchtesgaden, dem der Kaiser einen Ersatz schuldig war, durch=
gesetzt¹). Pfalzgraf Otto der Aeltere, der im Dienste des Kaisers
zuerst in Italien, dann in Bayern so hartnäckig mit Zunge und
Schwert gegen Papst Alexander gefochten hatte, wurde jetzt von
seinem Bruder Conrad, den er schon nach Venedig begleitet hatte,
bewogen, das Beispiel des Kaisers nachzuahmen und sich mit der
Kirche und ihren Dienern zu versöhnen. Wie Conrad, der sich
besonders durch Schenkungen und Concessionen bei dem bayerischen
Klerus beliebt zu machen suchte²), beschenkte er damals das Kloster
St. Emmeran in Regensburg³) und beendigte einen langwierigen,
hitzigen Streit, den er mit dem Kloster Rott um ein Gut in
Neufarn bei Erding geführt hatte, durch einen feierlichen Verzicht⁴).
Er begleitete auch im Frühjahr 1179 seinen Bruder, den Erzbischof,
nach Rom, wohin von allen Ländern geistliche und weltliche Fürsten
zu einer allgemeinen Synode im Lateran zusammenströmten⁵). Er
erlangte die Gunst des Papstes, wie wir aus dem Privilegium
entnehmen können, das Alexander III. am 29. Mai 1179 dem
Abt Sighard von Lorsch, der mit den Wittelsbachern verwandt war⁶),
ertheilte, wie ausdrücklich bemerkt ist⁷), dem Pfalzgrafen Otto zu
Gefallen.

Nachdem der Kaiser zu Würzburg das Weihnachtsfest gefeiert
hatte⁸), begab er sich nach Worms, wo der Streit zwischen Herzog
Heinrich und seinen Gegnern zur Entscheidung kommen sollte.
Am 13. Januar 1179 wurde der Reichstag eröffnet⁹); Heinrich war

---

¹) Contin. Claustreonob. tert. (M. G. SS. XI) ad ann. 1178.
²) So beschenkte er damals das Kloster St. Zeno (M. B. III 548), das
Kloster Herrnchiemsee (M. B. II 338), das Kloster Formbach (M. B. IV 138),
das Kloster Reichersberg (M. B. III 477) ꝛc.
³) Ried, cod. dipl. episc. Ratisbon. p. 251.
⁴) M. B. I 364.
⁵) Ibid.
⁶) Codex Laureshamensis I p. 276.
⁷) Ibid. I p. 279.
⁸) Ann. Colon. max. l. c.
⁹) Ann. Pegav. l. c. — Ann. Colon. max. l. c. — Ann. Palidens. l. c.

nicht erschienen¹), desto zahlreicher hatten sich seine Gegner eingefunden. Erzbischof Philipp von Köln, Bischof Ulrich von Halberstadt, Markgraf Dietrich von der Lausitz und andere sächsische Fürsten sahen in Heinrichs Abwesenheit die beste Gelegenheit, das willige Ohr des Kaisers mit Klagen zu bestürmen, und der anwesende²) Oheim Heinrichs, Welf VI, der einst mit solchem Muth und solcher Treue für das Erbe seines Neffen eingestanden hatte, war damals kein Anwalt desselben, ja ohne Zweifel sind unter den Lehen, die Friedrich zu Worms an seine Söhne übergab³), die abgetretenen Besitzungen Welfs zu verstehen, so daß also gerade an demselben Tage, der den Fall Heinrichs vorbereitet und Glück und Ehre des Welfenhauses auf lange Zeit untergräbt, Welfs Krämergeist die Stammgüter seines Geschlechts in die Hände der Staufer spielt.

Doch ließ sich Friedrich weder durch das gehässige Verlangen der Fürsten, den übermächtigen Herzog zu Fall zu bringen, noch durch seine eigene Erbitterung zu einem übereilten Verfahren fortreißen, sondern es wurde ein Lehensprozeß gegen ihn eingeleitet, dem zu Folge er dreimal vor das Reichshofgericht geladen werden mußte⁴).

Die Angaben der Quellen, wann und wo diese Gerichtstage stattfanden, sind sehr abweichend, besonders die Nachricht des Otto von St. Blasien, der Ulm, Regensburg und Würzburg nennt⁵), bringt große Verwirrung in die Untersuchung. Sämmtliche übrige Quellen, so sehr sie im Einzelnen wieder unter einander abweichen, stehen zu Otto von St. Blasien in so schneidendem Contrast, daß wir ihn hier ohne Zweifel des Irrthums bezichtigen dürfen. Die Kölner

---

¹) Arnold v. L. l. c. cap. 10.
²) Die Namen der Anwesenden finden sich in der Urk. Friedrichs für b. Kloster Roth, ausgestellt am 22. Jan. 1179 in Worms. (Wirtemb. Urkdbch. II p. 193.)
³) Ann. Pegav. l. c.
⁴) Gelnhausner Belehnungsurkunde für Philipp von Köln 1180 (Lacomblet, Urkdbch. v. Niederrhein, p. 331: „Da er nach dem gesetzlichen Lehnrecht durch dreimalige Ladung vor unser Gericht geladen, nicht erschienen rc." — Sachsenspiegel, Lehnrecht 65, § 15 herausg. v. Homeyer, p. 258.
⁵) l. c. p. 606.

Annalen¹), sowie die Erfurter Annalen²) erwähnen zwar Reichs=
tage aus jenem Jahre, bestimmen sie aber nicht genauer als Ge=
richtstage gegen Heinrich. Eingehend berichten über diesen Prozeß
nur Arnold von Lübeck und die Pegauer Annalen. Der erstere
verlegt die erste Vorladung des Herzogs nach Worms, die zweite
nach Magdeburg, die dritte nach Goslar; auf Bitten der Fürsten
habe dann der Kaiser einen vierten Tag, den er nicht näher bezeich=
net, angesetzt. Die Pegauer Annalen dagegen nennen zwar den
Reichstag von Worms, bezeichnen aber als ersten Gerichtstag den
zu Magdeburg, als zweiten Nürnberg, als dritten Kayna; zu Würz=
burg dann sei der Herzog endgiltig verurtheilt worden. Magdeburg,
Kayna und Würzburg sind urkundlich als Aufenthaltsorte des Kai=
sers in jener Zeit constatirt und da auch alle übrigen Angaben der
Pegauer Annalen aus jenen Jahren von einem gut unterrichteten
Chronisten herrühren³), so werden wir auch ihrer Nachricht in
Bezug auf Nürnberg Glauben schenken dürfen. Alle Versuche, die
verschiedenen Angaben der Quellen zu vereinigen, z. B. die Be=
hauptung, man müsse sich zwei Klagen selbstständig neben einander
laufend denken⁴), die des Herzogs und der Fürsten, stoßen auf un=

¹) Ann. Colon. max. l. c.
²) Ann. S. Petri Eresphurd. l. c.
³) Cohn, die Pegauer Annalen p. 38.
⁴) Dieß ist die Ansicht Fechners [Leben des Erzbischofs Wichmann von
Magdeburg, in Forschgn. z. d Gesch. V p. 491], aber er verfährt seltsam
mit den Quellen. Nachdem er kurz vorher erwähnt, daß die Pegauer Annalen in diesen Jahren, wie durch Cohns Untersuchung festgestellt ist, zeitge=
nössisch und völlig glaubenswürdig seien, sagt er, weil er den Tag zu Nürnberg in seinem Plan nicht unterzubringen weiß: „Die Pegauer Annalen
wußten nur von der Klage der Fürsten gegen Heinrich und auch, daß er nach
Kayna zum dritten Mal [nämlich als Kläger] geladen war, und um dieß
mit dem Umstand, daß er in Magdeburg zum ersten Mal [aber als Beklag-
ter, was die Pegauer Annalen nicht unterschieden] geladen war, zu vereinigen,
machten sie einen Reichstag zu Nürnberg dazwischen (!), für
den übrigens nicht einmal eine gewohnheitsrechtliche Frist von 6 Wochen
(zwischen 29. Juni und 17. August) herauskommt." — Daß übrigens sechs=
wöchentliche Fristen nicht immer eingeräumt wurden, zeigt die Constitutio
Heinrici VI. vom Jahre 1196 (M. G. LL. II p. 199), die bloß vierzehn=
tägige Fristen vorschreibt.

überwindliche Hindernisse. Die Pegauer Annalen bieten uns die sicherste Garantie, so daß wir, indem wir diese Quelle als Führerin wählen, auf dem richtigen Weg fortzuschreiten hoffen dürfen.

Der Kaiser feierte das Osterfest zu Sels¹), dann wandte er sich nach dem Süden Deutschlands, wo er in Schwaben zu Constanz²), sowie an der Grenze von Böhmen und Bayern zu Eger³) Hoftage hielt. Auf letzterem waren viele bayerische Große um ihn versammelt, der Bischof Conrad von Regensburg, Markgraf Diepold von Vohburg, die Burggrafen Friedrich und Heinrich von Regensburg, der jüngere Pfalzgraf Otto von Wittelsbach, der Graf Friedrich von Pilstein und Andere. Man darf deßhalb wohl annehmen, daß bayerische Angelegenheiten hier verhandelt wurden.

Am Sonnwendtage⁴) kam der Kaiser nach Magdeburg, wo sich die Gegner Heinrichs zahlreich versammelt hatten. Auch Cardinal Conrad von Wittelsbach war nach seiner Rückkehr von der Kirchenversammlung zu Rom hieher geeilt⁵). Der Reichstag wurde am 25. Juni in feierlicher Weise eröffnet, doch der Gerichtsbote rief umsonst seine Ladung. Herzog Heinrich stellte sich dem Lehenshofe nicht und hatte als Antwort auf die erste Ladung die Slaven im Nordosten Sachsens zu einem Einfall in die Lausitz herbeigerufen⁶), deren Markgraf die feindlichen Unternehmungen des Bischofs Ulrich unterstützt hatte. Markgraf Dietrich erhob deßhalb vor dem Kaiser und den anwesenden Reichsfürsten Klage gegen Heinrich und forderte diesen zum Zweikampfe⁷).

Nach Beendigung des Reichstages soll Heinrich der Löwe, wie Arnold von Lübeck⁸) berichtet, noch einen letzten Versuch gemacht

---

¹) Am 11. April 1179 zu Sels (Lacomblet l. c. p. 238.)
²) Am 27. Mai 1179 zu Constanz (Graevius, thesaur. antiquit. Ital. IV, I. p. 438.)
³) Meiller, Regesten z. Gesch. der babenb. Markgr. p. 56.
⁴) Ann. Magdeb. l. c.
⁵) Er ist Zeuge in der Urk. Friedrichs vom 1. Juli für b. Hochstift Brandenburg (Riedel, Urk. der Mark Br. I. 2. p. 42.)
⁶) Cohn, über 2 Ereignisse des Jahres 1180, in den Forschgn. z. b. Gesch. I p. 331.
⁷) Arnold, l. c. cap. 10.
⁸) Ibid.

haben, mit dem Kaiser ein friedliches Uebereinkommen zu treffen. Er bat von Halbensleben aus den Kaiser um eine Unterredung, bei welcher Friedrich als Buße für die Hilfsverweigerung im letzten italienischen Feldzuge 5000 Mark verlangte, wofür er die Fürsten zu beruhigen versprach; doch dem Herzog erschien Friedrichs Forderung unbillig und er verließ, jede weitere Unterhandlung verschmähend, sofort den Kaiser. — So Arnold von Lübeck. Ohne einen bestimmten Gegenbeweis anführen zu können, beargwöhnen wir doch diese vereinzelte Angabe; denn daß Heinrich, nachdem er schon von Worms und Magdeburg sich fern gehalten und die Slaven gegen einen Reichsangehörigen herbeigerufen hatte, einen derartigen Einigungsversuch gemacht hätte, sowie daß der Kaiser sich auf solche Art mit einer Geldsumme hätte abfinden lassen, hat wenig innere Wahrscheinlichkeit für sich.

Auch auf dem zweiten und dritten Gerichtstag, die in kurzen Zwischenräumen[1]) zu Nürnberg und Kayna[2]) stattfanden, entzog sich Heinrich der kaiserlichen Ladung. Zu Kayna wurde Heinrich bereits von den Beisitzern des Lehnsgerichtshofes, da er auf dreimalige Forderung weder selbst vor dem rechtmäßigen Lehnsgericht erschienen, noch einen Stellvertreter schickte, als Rebell gegen Kaiser und Reich erklärt. Die Herzogthümer wurden ihm noch nicht entzogen[3]), doch wurde der Reichskrieg gegen ihn beschlossen[4]).

Aus Bayern war, soviel uns bekannt ist, Niemand auf dem Reichstag zu Kayna erschienen, außer Markgraf Berthold von Andechs[5]). Cardinal Conrad war nach dem Reichstag zu Magdeburg wieder nach Bayern

---

[1]) Der Reichstag von Magdeburg wird am 29. Juni eröffnet (Ann. Magdeb. l. c.). Am 17. August stellt der Kaiser zu Kayna 2 Urkunden aus (Bünau, Friedrich I. Anhang p. 430.)
[2]) Ann. Pegav. l. c. Kayna liegt zwischen Zeiz und Altenburg.
[3]) Gelnhausner Urkunde l. c.: „Daß er, da er nach dem gesetzlichen Lehnrecht durch dreimalige Ladung vor unser Gericht gerufen, nicht erschien und auch keinen Stellvertreter schickte, als widerspenstig verurtheilt wurde (contumax judicatus est) und daß ihm hierauf auf dem feierlichen Reichstag von Würzburg das Herzogsamt ... abgesprochen wurde ꝛc."
[4]) Ann. Pegav. l. c.
[5]) Bünau, Friedrich I. Anhang p. 430.

zurückgekehrt, wo er mit seinen drei Brüdern in Ensdorf, einem Kloster bei Amberg, das ihr Vater Otto gestiftet hatte, am 18. Juli zusammentraf¹). Cardinal Conrad hatte damals in seiner Erzbiözese einen hartnäckigen Kampf mit den Unabhängigkeitsgelüsten der Suffraganbisthümer zu bestehen. Nach dem Tode des Bischofs Roman von Gurk machten das Domkapitel, das allerdings zur Zeit des Schismas von Alexander III. zu selbstständiger Bischofswahl ermächtigt worden war, und nicht minder Erzbischof Conrad, der sich auf alte Rechte und jüngst bestätigte Privilegien stützen konnte, Anspruch auf die selbstständige Besetzung des Gurker Bischofsstuhles. Die beiden Candidaten geriethen in heftige Fehde und der Zwiespalt betreffs der Wahlbefugniß rief auch den bisher glücklich unterdrückten Gegensatz zwischen Conradinern und Abalbertinern wieder ins Leben²). Endlich appellirte man an eine päpstliche Entscheidung; der Papst übertrug den Richterspruch dem Bischof Albert von Freising und dem Probst Heinrich vom Kloster zum hl. Kreuz in Salzburg. Im Herbst 1179 versammelte sich eine große Anzahl von Prälaten und Laien des Erzstifts Salzburg an dem festgesetzten Orte, wahrscheinlich in Salzburg selbst, darunter auch Pfalzgraf Otto der Aeltere. Auch zwei päpstliche Bevollmächtigte und Egenolf, ein Kanzler des Kaisers, fanden sich ein³). Auf Grund verschiedener päpstlicher und kaiserlicher Briefe wurde das Recht der Bischofswahl in Gurk den Erzbischöfen von Salzburg zuerkannt und dieser Spruch erhielt am 15. September desselben Jahres die kaiserliche⁴), im nächsten Jahre auch die päpstliche Bestätigung⁵).

---

¹) Ensdorfer Traditionscodex bei Freyberg, Sammlg v. Urkdn x. II. p. 244. Otto der Aeltere wird dort Herzog von Bayern genannt; der Herausgeber meinte deßhalb, es sei dem Pfalzgrafen schon damals durch geheime kaiserliche Vollmacht die neue Würde übertragen worden. Der Umarbeiter des Ensb. Traditionscob. im 14. Jhdt. hat wohl den Titel „Herzog" anticipando bloß beigefügt, um Otto von seinem gleichnamigen jüngeren Bruder zu unterscheiden.

²) Reuter l. c. p. 448.

³) Meichelbeck, Historia Frising. I. a. p. 374.

⁴) Meiller, Regesten x. p. 57.

⁵) Ankershofen, Urkundenregesten zur Geschichte Käräthens. XI. p. 320.

Bevor ein Reichsheer dem zu Kayna getroffenen Beschluß gemäß sich gerüstet hatte, waren die Feindseligkeiten in Sachsen schon wieder ausgebrochen. Bischof Ulrich hatte den Bann gegen Heinrich geschleudert ¹). Zum Entgelt verwüsteten herzogliche Kriegsschaaren das bischöfliche Gebiet auf gräuliche Weise und legten Halberstadt selbst gänzlich in Asche ²). Bischof Ulrich wurde gefangen abgeführt und so lange in Haft gehalten, bis er den Herzog vom Banne löste ³). Ist auch die Angabe der Chronik von Halberstadt ⁴), daß dem Herzog „wegen dieser That," d. h. der Zerstörung der Bischofsstadt, seine Herzogthümer abgesprochen worden seien, unrichtig, so ist es doch unzweifelhaft, daß das traurige Ereigniß auf dem nahen entscheidenden Gerichtstage besonders schwer in die Wagschale fiel. Auch der Papst, der noch während des Concils zu Rom im März sein Wohlwollen für Heinrich den Löwen gezeigt hatte, indem er auf dessen Wunsch in höchst auffälliger Weise die Wahl des dem Herzog feindlich gesinnten Bischofs Berthold von Bremen für ungültig erklärt hatte ⁵), trat jetzt gegen ihn auf, indem er den bei der Freilassung des Bischofs Ulrich von ihm abgepreßten Vertrag als ungültig erklärte ⁶).

Inzwischen war der Reichskrieg gegen Heinrich eröffnet worden, doch vergeblich belagerten Philipp von Köln und viele andere sächsische Bischöfe und Fürsten die Veste Halbensleben ⁷); durch Bestechung mehrerer Herren gelang es Heinrich, Zwist unter den

---

¹) Ann. St. Petri Erphesph. l. c.
²) Fast sämmtliche Annalen (Ann. Stederburg. Palid. S. Petri Erphesph. Pegav. et Magdeburg. l. c.) sprechen mit Abscheu von dieser Zerstörung und ihren Gräueln, so daß die spitzfindige Erklärung des Brandes, die Arnold v. Lübeck gibt, schwerlich Glauben verdient.
³) So die Annal. S. Petri Erphesph. l. c. Dagegen berichtet Arnold v. L., Heinrich sei schon vor jener Zerstörung demüthig nach Halberstadt gekommen und habe zerknirscht zu den Füßen des Bischofs um Lösung vom Bann gefleht und dieselbe auch erlangt. Doch stimmt das unmenschliche Gebahren der Herzoglichen bald darauf (nach Arnolds Reihenfolge der Ereignisse) und die Gefangenhaltung des Bischofs schlecht zu Arnolds Angabe.
⁴) Chronicon Halberstadense ed. Schatz p. 61.
⁵) Arnold v. L. l. c. cap. 9.
⁶) Ann. Pegav. l. c.
⁷) Ibid.

Verbündeten zu säen und eine Schaar nach der andern zog unverrichteter Dinge nach Hause zurück. Nun warf sich Heinrich selbst mit raschem Sprunge auf das Erzstift Magdeburg, verwüstete das Land bis zur Bode und zerstörte Calwe¹). Zu gleicher Zeit fielen die Slaven wieder in die Provinz Jüterbock ein und verbrannten Zinna²). So endete das Jahr 1179 in Bezug auf Waffenglück für Heinrich sehr günstig. Er selbst zog sich bei Beginn des Winters nach Lüneburg zurück³).

Der Kaiser hatte nach dem Reichstag zu Kayna längeren Aufenthalt in Augsburg genommen, wohin sich auch aus Bayern Otto von Wittelsbach und sein jüngerer Bruder Otto begaben⁴). Das Weihnachtsfest⁵) feierte Friedrich zu Ulm, begab sich dann, von zahlreichem, glänzendem Gefolge begleitet, nach Straßburg⁶) und zog in den ersten Tagen des für Heinrich den Löwen so verhängnißvollen Jahres 1180 nach Würzburg.

Divergiren die uns zu Gebote stehenden Quellen in der Bestimmung und Ordnung der vorhergehenden Gerichtstage, so stimmen fast sämmtliche darin überein, daß zu Würzburg die Entscheidung gegen Heinrich getroffen wurde⁷). Als der Tag der Gerichtsverhandlung wird von dem wohlunterrichteten Lautersberger Chronisten der 13. Januar genannt⁸). Die Gegner Heinrichs waren wieder zahlreich versammelt; der ältere Pfalzgraf Otto scheint erst später nach Würzburg gekommen zu sein⁹).

---

¹) Ann. Magdeburg. l. c.
²) Cohn, Zwei Ereignisse ꝛc. l. c.
³) Ann. Pegav. l. c.
⁴) Sie sind Zeugen Friedrichs in b. Urkunde für b. Bisthum Brixen, am 16. Sept. 1179 zu Augsburg. (v. Lang, Regesta boica I. p. 304.)
⁵) Ann. Pegav. l. c.
⁶) Am 3. Jan. 1180 zu Straßburg. (Tolner, Hist. palat. Anhang p. 55.)
⁷) Ann. Pegav. l. c. — Ann. S. Petri Erphesph. — Otto S Bl l. c. — Chron. Mont. ser. l. c. — Indirekt auch Arnold von Lübeck, der aber den Namen des Ortes nicht kennt.
⁸) Chron. Mont. ser. l. c.
⁹) In der Urkunde des Kaisers vom 25. Januar tritt er als Zeuge auf (Ughelli l. c. V. p. 72), in derjenigen vom 11. Januar nicht (Archiv f. österr. Gesch. XI. p. 318).

Hier in Würzburg war auch Heinrich der Stolze, der Vater Heinrichs des Löwen, von König Conrad vor zweiundvierzig Jahren geächtet worden. Mit bitterer Ironie bemerkt deshalb Otto von St. Blasien ¹), Heinrich habe ja nur „nach Vätersitte" gehandelt, da er gegen Kaiser und Reich sich widersetzte. Wie damals den Vater, so halfen auch jetzt den Sohn vorzugsweise ²) geistliche Reichsfürsten stürzen, die sich, um das weltliche Herzogthum nicht zu mächtig werden zu lassen, eng an die Staufer angeschlossen hatten. Einstimmig ³) war das Urtheil der anwesenden Reichsstände, daß Heinrich der Löwe als Reichsfeind ⁴) und Majestätsverbrecher ⁵) in die Reichsacht zu erklären sei.

Die Belehnungsurkunde, die Erzbischof Philipp nach einigen Monaten zu Gelnhausen erhielt, zählt die Gründe, welche Heinrichs Verurtheilung zur Folge hatten, genauer auf ⁶). „Alle Welt wisse, heißt es dort, daß Heinrich, vormals Herzog von Bayern und Westfalen, deßhalb, weil er die Freiheit der Kirchen Gottes und der Edlen des Reiches, dadurch, daß er ihre Besitzungen an sich gerissen und ihre Rechte beeinträchtigt, gewaltsam unterdrückte, auf die bringende Klage der Fürsten und sehr vieler Edler, weil er ferner vor Gericht geladen verschmähte, sich unsrer Majestät zu stellen, wegen dieser Widerspenstigkeit mit Zustimmung ⁷) auch der schwäbischen Fürsten seines Standes, unsrer

---

¹) l. c. cap. 24.
²) Chronica Roberti de Monte ad ann. 1182 (M. G. SS. VI.) „Sed tamen (Henricus) cum esset proximus carne Frederici imperatoris Romanorum, ortis inter eos quibusdam simultatibus, consilio archiepiscoporum et episcoporum regni Alemanniae, qui habent fere omnes civitates in dictione sua, illius regni imperator exulavit eum."
³) Ann. St. Petri Erph. l. c.
⁴) Ibid.
⁵) Ann. Magdeburg. l. c. — Ann. Pegav. l. c. — Chron. m. s. l. c.
⁶) Lacomblet l. c. p. 331.
⁷) Im Abdruck bei Gelenius (de magnitudine Coloniensi p. 93), der auch von Pertz (M. G. LL. II. p. 163) wieder gegeben wurde, lautet die betreffende Stelle: „quia (Henricus) citatione vocatus majestati nostrae presentari contempserit et pro hac contumacia proscriptionis nostrae inciderit sententiam &c." Dagegen lautet die Stelle bei Lacomblet l. c.: „quia citatione vocatus majestati nostrae presentari contempserit et

Acht verfallen ist. Da er auch fernerhin nicht aufhörte, gegen die Kirche Gottes und die Rechte und die Freiheit der Fürsten und Edlen zu wüthen, ist er sowohl wegen der jenen beigefügten Unbilden als auch wegen fortgesetzter Nichtachtung unsrer Majestät und vornehmlich wegen offen zu Tag liegenden Majestätsverbrechens, da er nach dem gesetzlichen Lehnrecht durch dreimalige Ladung vor unser Gericht gerufen nicht erschien und auch keinen Stellvertreter schickte, als Rebell erklärt worden und es wurden ihm hierauf sowohl das Herzogsamt in Bayern und in Westfalen und Engern, als auch alle Lehen, die er vom Reiche innegehabt, durch einstimmigen Beschluß auf dem feierlichen Reichstag zu Würzburg abgesprochen und uns zu Recht und Gewalt übergeben."

Wegen Landfriedensbruchs also verfiel Heinrich, da er sich dem Gericht entzog, der Reichsacht, die schon in Kayna über ihn verhängt worden sein muß. Weil er aber auch dann nicht aufhörte, die Ruhe des Landes zu stören — man denke an die Zerstörung von Halberstadt — und auch ferner dem Kaiser offenen Trotz entgegensetzte, wurde nun der Verlust aller Lehen über ihn verhängt, doch wurde über dieselben auf dem Würzburger Reichstag nicht anderweitig verfügt. Kaiser Lothar hatte einen Rechtsspruch der Fürsten erwirkt, daß die Besitzungen der Geächteten dem Reiche anheimfielen und

pro hac contumacia principum et sue conditionis suevorum proscriptionis nostrae inciderit sententiam etc." Herr Archivsekretär Dr. Strehlle in Berlin hatte die Güte, auf meine Bitte die Originalurkunde, die sich im Berliner Staatsarchiv befindet, mit dem Abdruck Lacomblets zu vergleichen; es ergab sich die Richtigkeit des Lacombletschen Textes an angeführter Stelle. — In der Weise aber, wie diese Stelle geschrieben ist, kann man aus den Worten, die Gelenius weggelassen hat, keinen Sinn entziffern oder muß jedenfalls zu gesuchten Conjekturen seine Zuflucht nehmen. Man darf daher wohl mit Fug annehmen, daß der Schreiber vor „principum" ein „consilio" oder „consensu" vergaß, und auf diese Weise wird die Stelle ebenso klar als werthvoll. Sie benachrichtigt uns, daß Friedrich, um die Klage Heinrichs des Löwen, er sei ungerecht verurtheilt worden, denn er hätte in seinem Geburtslande Schwaben überführt werden sollen, (Arnold l. c. l. II. c. 10.) grundlos zu machen, die Zustimmung der schwäbischen Fürsten zu der Verurtheilung ihres Landsmannes erholt und erlangt habe, oder daß schwäbische Fürsten bei dem Urtheil zugegen waren.

nicht zum Eigenthum des jeweiligen Königs geschlagen werden sollten, im Gegensatz zu der von Heinrich V. in Anwendung gebrachten Rechtstheorie¹). Dem Kaiser Friedrich gegenüber scheinen die Fürsten von dieser Einschränkung der kaiserlichen Gewalt Umgang genommen zu haben, ihm wurden alle Lehen Heinrichs „zu Recht und Gewalt übergeben." Doch nicht blos die Lehen verlor der Verurtheilte durch die Reichsacht, sondern auch die Allode, wenn er über Jahr und Tag in der Acht blieb; sogar den Kindern gingen sie verloren, wenn sie nicht von diesen binnen Jahr und Tag reclamirt wurden²).

Heinrich der Löwe beschwerte sich, daß er nicht auf schwäbischem Boden gerichtet worden sei und erklärte das gegen ihn gefällte Urtheil als ungiltig³). Nicht die ursprüngliche Nationalität — Theganus⁴) erwähnt bei dem ersten, geschichtlich bekannten Ahnherrn des welfischen Hauses, er sei aus einem vornehmen **bayerischen** Geschlechte — sondern das ethel oder odil, das Handgemal, ein freier Wohnsitz, der immer als Stammgut ungetheilt auf den Aeltesten überging, gab bei der Bestimmung des Heimatlandes (terra nativitatis) die Entscheidung. Als dieses Stammgut der Welfen galten aber Altdorf und Ravensburg in Schwaben; nach diesen Burgen wurden sie auch vielfach benannt⁵) und dort nahmen sie öfter längeren Aufenthalt⁶). In diesem Sinn galt Heinrich der Löwe als Schwabe⁷) und zur Giltigkeit des Urtheils war dem Herkommen gemäß mindestens die Zustimmung der schwäbischen Fürsten nothwendig. So hatte auch Heinrich IV., als er Otto von Nordheim wegen

---

¹) Franklin, das kgl. und Reichshofgericht in Deutschland von Heinrich I. bis Lothar, in Forschgn. z. d. Gesch. IV p. 530.
²) Eike's von Repgowe Zeitbuch in der Biblioth. d. Stuttgart. literar. Vereins Bd. 42. p. 427.
³) Arnold v. L. 1. c. s. 10.
⁴) Vita Hludovici imp. M. G. SS. II. p. 596.
⁵) Otto Frising. de gestis Fried. I. ed. Urstisius Scr. r. G. I. Lib. II. c. 2.
⁶) Stälin, Würtemberg. Geschichte, I. 558; II. 257, 559, 260, 272 ꝛc.
⁷) Homeyer, über die Heimath nach altdeutschem Recht, in d. Abhndlgn. der Berliner Akad. 1852 p. 67.

Mordversuchs anklagte, die sächsischen Fürsten, weil er von diesen herstamme, („quod ex his oriundus esset") versammelt und nach ihrem Spruche wurde dann das Urtheil gefällt¹). Auch diesen Einwurf Heinrichs widerlegte Kaiser Friedrich, wie aus dem oben angeführten Urtheilsspruche ersichtlich wird; der Spruch der schwäbischen Fürsten entschied gegen Heinrich.

Burchard von Ursperg erwähnt noch einen andern Einwurf, der gegen die Giltigkeit des Urtheils erhoben wurde. Einige Fürsten und Ritter sollen die Behauptung aufgestellt haben, der Kaiser könne nur in einer Versammlung in einem der Länder des Herzogs²) diesen verurtheilen und seiner Lehen verlustig erklären³). Doch ein Ritter erbot sich, durch einen Zweikampf gegen Jedermann zu beweisen, daß der Kaiser jeden Reichsfürsten an jeden beliebigen Ort des Reiches vor Gericht laden könne, und durch kaiserlichen Befehl wurde dann dieser Satz zum ewiggiltigen Reichsgesetz erhoben. Er erscheint im dreizehnten Jahrhundert wirklich als rechtskräftig⁴); Burchards Erzählung hat mithin große Wahrscheinlichkeit für sich.

Ueber die Herzogthümer des geächteten Welfen sollte in den betreffenden Ländern selbst Verfügung getroffen werden. Da die Zeitumstände so außerordentlich günstig waren, dachte Friedrich an nichts Geringeres, als den Fall des gewaltigsten Vertreters des Herzogthums dazu zu benützen, das Herzogthum selbst unschädlich zu machen und es der alten Macht und Bedeutung, die es faktisch trotz aller Bestrebungen der Kaiser bisher behalten hatte, zu entkleiden. Wir werden sehen, wie verschiedenartig der Erfolg in den beiden Herzogthümern des Geächteten sich gestaltete.

¹) Franklin l. c. p. 515.
²) Der Einwurf paßt bloß zu dem Reichstag zu Würzburg.
³) Burchardi Hist. Frid. l. c. p. 77.
⁴) Schwabenspiegel, Lehenrecht §. 156 (her. v. Laßberg.)

4.
Otto von Wittelsbach, Herzog von Bayern.

Die Fürsten, die bisher den Kampf gegen Heinrich den Löwen geführt hatten, gingen mit ihm einen Waffenstillstand bis zum weißen Sonntage (27. April) ein[1]), der auf beiden Seiten zu Rüstungen zu dem letzten Entscheidungskampfe benützt wurde.

Nach Verlauf von sechs Wochen[2]), als Heinrich während dieser Frist keinen Versuch gemacht hatte, sich aus der Acht zu lösen, berief der Kaiser die Reichsfürsten zu einem Tage nach Gelnhausen. Besonders die sächsischen Fürsten und Großen waren zahlreich vertreten, da auf diesem Tage über das sächsische Herzogthum entschieden werden sollte. Auch Erzbischof Conrad von Salzburg und sein Bruder Pfalzgraf Otto der Aeltere erschienen zu Gelnhausen[3]).

Während Friedrich vorher in einem starken Herzogthum, wie es Heinrich der Löwe zu gründen verstand, dem Kaiserthum eine Stütze zu schaffen versucht hatte, richtete er jetzt, da er durch den gefährlichen Widerstand des Welfen geschreckt worden war und eingesehen hatte, daß dieser nur für sich größeren Gewinn und Unabhängigkeit erringen, nicht aber ihm zur Erreichung seiner Pläne behilflich sein wollte, sein Augenmerk darauf, die Macht der Herzogthümer zu schwächen. Es wurde nicht nur das dem Welfen abgesprochene Herzogthum Sachsen getheilt, sondern Friedrich erkennt gar kein einiges Herzogthum in Sachsen an, spricht nur von einem „Herzogthum Westfalen und Engern"[4]) und bezeichnet auf solche Weise die ostsächsischen Fürsten als völlig unabhängig vom Herzog-

---
[1]) Ann. Pegav. l. c.
[2]) Die Ann. Colon. m. o. l. geben den 27. März, die Ann. Pegav. den 6. April an; schon am 1. April stellt Friedrich zu Gelnhausen eine Urkunde für die Stadt Wetzlar aus. (Guden, Sylloge diplom. p. 470.)
[3]) Sie sind Zeugen des Kaisers in der Urkunde für das Bisthum Basel. (M. G. LL. II. p. 164.)
[4]) Lacomblet l. c. p. 331.

thum, dessen Befugnisse nur unrechtmäßig von Heinrich dem Löwen über dieselben ausgedehnt worden seien [1]). Erzbischof Philipp von Köln oder vielmehr die Kölner Kirche erhielt das Herzogthum Westfalen, der übrige Theil des Herzogthums, wie es von Friedrich jetzt aufgefaßt wurde, kam an Bernhard von Anhalt; sein Bruder Sigfrid erhielt mit Genehmigung der päpstlichen Legaten das Erzbisthum Bremen [2]). Die Urkunde über die Belehnung des Erzbischof Philipp mit dem Fahnlehen Westfalen ist uns erhalten; sie wurde ausgestellt am 13. April 1180 [3]). Nachdem der Kaiser zu Gelnhausen noch den Bischöfen, die ihm in den letzten Jahren so treffliche Dienste geleistet hatten, wichtige Zugeständnisse gemacht hatte [4]), wandte er sich nach Worms, wo er das Osterfest feierte [5]).

Heinrich der Löwe dachte durch Waffengewalt die gegen ihn gefällten Rechtssprüche wirkungslos zu machen und suchte die Hilfe des Auslands gegen seine Gegner im Reiche zu gewinnen. Er ging seinen Schwiegervater, König Heinrich von England, um Beistand an, doch dieser bedauerte, wegen der weiten Entfernung keine Hilfstruppen senden zu können [6]). Doch verwandte sich der König Heinrich bei König Philipp von Frankreich und dem Grafen Philipp von Flandern für seinen Schwiegersohn und beide schienen geneigt, mit Herzog Heinrich ein Bündniß einzugehen; beide Fürsten aber standen auf den Rath des Grafen Heinrich von Troyes von dem Gedanken, sich in die deutschen Wirren einzumischen, bald wieder ab [7]). Bei Sinzig am Rhein trafen Gesandte des Königs Philipp bei dem Kaiser ein, die ihm unterthänigst betheuerten, ihr König habe niemals im Sinn gehabt, zu Gunsten des Herzogs von Sachsen einzutreten. Gleiche Eröffnungen ließ der Graf von Flandern machen [8]). Gottfried von Viterbo spricht auch von einem Bündniß

---

[1]) Weiland l. c. p. 168.
[2]) Chron. Mont. ser. l. c.
[3]) Lacomblet l. c. p. 331.
[4]) M. G. LL. II. p. 164.
[5]) Ann. Pegav. l. c.
[6]) Benedictus Peterborough. Bouquet l. o. XVII. p. 441.
[7]) Sigeberti cont. Aquicinct. (M. G. SS. VI). ad ann. 1181.
[8]) Ann. Colon. m. l. c.

Heinrichs mit Wilhelm von Sicilien, der seit 1177 sein Schwager[1]) war, und mit dem griechischen Kaiser, doch verdienen diese vereinzelten Angaben des Poeten schwerlich Glauben. Wenn aber auch Heinrichs Bemühungen, im Kampfe gegen das Reich mächtige Bundesgenossen zu gewinnen, erfolglos blieben, — nur der Slavenfürst Kasimir blieb sein Verbündeter — ein günstiger Ausgang des Kampfes, den er nunmehr fast allein wagte, war doch nicht undenkbar. Denn er gebot noch über eine zahlreiche Vasallenschaft; Niemand als er sprach in seinem Heere mit und die dadurch ermöglichte Schnelligkeit der Unternehmungen machten die Waffen Heinrichs den gegen ihn verbündeten Fürsten furchtbar. Sogleich nach Ablauf des Waffenstillstandes rückte er vor Goslar[2]), verwüstete die Umgebung und schlug den zum Entsatz heranrückenden Landgrafen Ludwig von Thüringen bei Weißensee auf's Haupt; Ludwig selbst und sein Bruder Hermann geriethen in Gefangenschaft[3]). Die von Heinrich in das Kölner Gebiet abgesandten Schaaren gewannen bei Halrefeld bei Osnabrück einen blutigen Sieg[4]) und auch die Slaven, die wiederholt in die Lausitz eingedrungen waren, hatten über die Truppen des Markgrafen Dietrich einen Vortheil erfochten[5]). Während so im Norden der Erfolg der gerichtlichen Maßregeln, die gegen Heinrich getroffen waren, durch das Waffenglück, das ihn begünstigte, in Frage gestellt wurde, traf der Kaiser Anstalt, auch in Bayern über das erledigte Herzogthum zu verfügen.

Am Sonnwendtage 1180 wurde in Regensburg ein feierlicher Reichstag eröffnet[6]). Regensburg war damals noch keineswegs eine reichsunmittelbare Stadt; Otto von Freising nennt Regensburg ausdrücklich „die Hauptstadt und den Sitz des norischen Herzogthums[7]), und die Angabe Aventins[8]), daß die Stadt 1180 zur

---

[1]) Godefredi Viterb. carmen de gestis Fried. I. in Ital. ed Ficker p. 63.
[2]) Ann. Pegav. l. c.
[3]) Ann. Pegav. l. c. — Ann. St. Petri Erphes. l. c.
[4]) Ann. Stadenses l. c. — Arnold v. L. l. c. cap. 13.
[5]) Ann. Pegav. l. c. — Chron. m. s. l. c.
[6]) Ann. Pegav. l. c.
[7]) Chronic. Lib. VII. c. 25.
[8]) Ann. Boiorum l. VI. cap. 6.

freien Reichsstadt erhoben worden sei, läßt sich durch kein gleich=
zeitiges Zeugniß rechtfertigen. Es muß befremden, daß auf diesem
Reichstag in Bayern durchaus nicht wie im nördlichen und mittleren
Deutschland die Fürsten, namentlich die Kirchenfürsten, so zahlreich
sich einstellten, wie auf den sächsischen. Diese Erscheinung kann
nur aus den Verhältnissen in Bayern abgeleitet werden, wo die
strenge Herrschaft Heinrichs weit weniger drückend empfunden wurde
als in Sachsen. Bloß Bischof Albert von Freising nahm jetzt, da
die Gelegenheit günstig schien, eine alte Klage über die Willkühr des
Herzog Heinrich wieder auf, die das bischöfliche Föhring veröbet
hatte, um dem neuangelegten München zu schnellerem Aufschwung
zu verhelfen. Auf einem früheren Reichstage (1158) war auf die
Beschwerde des Bischofs von Freising, daß Heinrich der Löwe die
Brücke bei Föhring abgebrochen, Zoll und Münzstätte zerstört und
Brücke und Markt nach dem benachbarten München verlegt habe,
von Kaiser Friedrich zu Gunsten der neuen Einrichtung des Herzogs
entschieden worden, nur sollte die Freisingerkirche den dritten Theil der
Zolleinnahmen, sowie auch den dritten Theil des Nutzens, den die dor=
tige Münze abwerfe, als Entschädigung erhalten [1]). Diesen Fall
brachte Bischof Albert von Freising in Regensburg neuerdings zur
Vorlage und er hatte zur Bekräftigung seiner Rechtsansprüche sieben
Eideshelfer, darunter die Wittelsbachischen Brüder Conrad und die
beiden Otto, denen die Schirmvogtei über das Hochstift Freising
zustand, eingeladen. Außer ihnen waren auch, so viel wir wissen,
der Markgraf Berthold von Istrien, Graf Gebhard von Sulzbach,
Burggraf Friedrich von Regensburg, Graf Siboto von Neuenburg,
Graf Heinrich von Altendorf, Graf Degenhard von Hallstein und
mehrere Edle zu Regensburg anwesend [2]). Auch die zwei päpstlichen
Legaten, die schon dem Reichstage zu Gelnhausen beigewohnt hatten,
befanden sich im Gefolge des Kaisers [3]).

---

[1]) Meichelbeck, Hist. Frising I. a. p. 337.
[2]) Ibid. p. 365.
[3]) Chron. Magni Pr. l. c. ad ann. 1180: „cui interfuerunt tres car-
dinales legati domni apostolici &c. Unter dem dritten Cardinallegaten ist
unzweifelhaft Cardinal Conrad zu verstehen.

Die Chronik des Priesters Magnus von Reichersberg, der über jene Vorgänge sonst wohl unterrichtet ist, erzählt, es sei zu Regensburg am 29. Juni über den geächteten Bayernherzog nochmals Gericht gehalten worden. Nachdem die alten Klagen über ihn, daß er als Friedensstörer Kirchen- und Fürstenrechte beeinträchtigt, mit auswärtigen Feinden sich verbündet und als Rebell gegen Kaiser und Reich sich verschworen, wiederholt worden seien und der Kaiser selbst erklärt habe, daß Heinrich ihm nach dem Leben gestrebt, auch Boten aus Sachsen gekommen seien, die von den neuen Thaten des Herzogs klagend Bericht erstatteten, so sei das Urtheil des Würzburger Reichstages einstimmig bestätigt worden [1]).

Man wird dabei nicht an eine neue förmliche Gerichtsverhandlung zu denken haben, denn das vom Kaiser und den Fürsten bereits gefällte Urtheil mußte ja auch in Bayern Geltung haben, sondern nur an eine nachträgliche Auseinandersetzung des Prozesses vor den bei den früheren gerichtlichen Handlungen abwesenden Fürsten. Offenbar zögerte der Kaiser noch mit der neuen Verleihung der bayrischen Herzogswürde und hatte auch vielleicht noch keine definitive Wahl getroffen. Am 13. Juli kam die Klage des Bischofs von Freising zur Verhandlung und fand nunmehr bei dem Kaiser ein williges Ohr. Der frühere Beschluß wurde umgestoßen und Brücke und Markt sollten wieder nach Föhring zurückverlegt werden [2]). Doch wenn auch ohne Zweifel Brücke und Markt wieder nach Föhring kamen, so verlor doch München die bisher genossenen Vortheile nicht und überflügelte bald die bischöfliche Marktstelle [3]).

Man hat daraus, daß Friedrich bei der Vergebung des sächsischen Herzogthums offen auf Schwächung des Herzogthums hingearbeitet habe, gefolgert, daß er auch die Erledigung des Herzogthums Bayern in ähnlichem Sinne benützt habe und der Streit, ob und welche staatsrechtlichen Veränderungen damit in Verbindung zu bringen seien, hat eine voluminöse Literatur hervorgerufen.

---

[1]) Ibid.
[2]) Meichelbeck l. c. p. 365.
[3]) Söltl, München p. 7.

Unbestreitbare Thatsache ist, daß die Markgrafschaft Steiermark 1180 in ein Herzogthum verwandelt[1]) und damit der letzte lose Verband derselben mit dem Herzogthum Bayern vollständig gelöst wurde. Außerdem aber läßt sich keine Veränderung der staatsrechtlichen Verhältnisse des Herzogthums constatiren, wodurch die Annahme einer Zersplitterung Bayerns durch Friedrich I. im Jahre 1180 gerechtfertigt würde.

Da bei Erledigung eines Amtslehens nach altem Herkommen die Verwandten des verstorbenen oder abgesetzten Lehensträgers in erster Linie berücksichtigt zu werden pflegten, hätte Herzog Welf, der Oheim Herzog Heinrichs, da er sich an den feindseligen Schritten desselben gegen Kaiser und Reich in keiner Weise betheiligt hatte, das nächste Anrecht auf die erledigte Herzogswürde gehabt: allein da er kinderlos und bereits ein hochbetagter Greis, umging ihn Friedrich, und Welf selbst, in Frömmelei und niedrige Lüste versunken [2]), erhob keine Ansprüche.

Wie nach der Absetzung Heinrichs des Stolzen Markgraf Leopold von Oesterreich, so rückte auch jetzt derjenige, der bisher die zweite Stelle im Herzogthum bekleidet hatte, in die erste ein. Die Wittelsbachische Hausmacht war bedeutend genug, um das Herzogsamt beaupten zu können und doch wieder nicht so hervorragend, um dem Staufergeschlechte gefährlich zu erscheinen. Dieser Stamm hatte in Bayern fester als jeder andere Wurzel gefaßt. Die Ahnen der jetzigen Pfalzgrafen hatten einst an der Spitze des Landes gestanden und die Erinnerung daran mußte auch den Nachkommen noch besonderen Glanz verleihen. Die pfalzgräflichen Brüder selbst hatten sich auf manche Weise unter den Fürsten des Reichs hervorgethan. Conrad

---

[1]) Contin. Zwetlensis. (M. G. SS. IX.) p. 451. — Chron. Magni Pr. l. c. — Ottokar nennt sich nach 1179 „Markgraf von Steyermark" (Pusch et Froelich, Diplom. s. ducatus Styriae II. p. 15), 1182 aber nennt er sich „aus Gunst der göttlichen Gnade Herzog von Steyermark" und fügt als Grund eines Wohlthätigkeitsaktes bei: „weil der Herr uns gewürdigt hat, unsern Namen und Rang zu erhöhen." (Pusch et Froelich l. c. I. p. 166.

[2]) Anonym. Weingart. de Guelfis principibus. Hess, Mon. Guelfica p. 51.

hatte sich zu hoher kirchlicher Würde emporgeschwungen und stand seit dem Frieden von Venedig nicht minder am kaiserlichen als am päpstlichen Hofe in höchstem Ansehen. Friedrich und der jüngere Otto hatten in den italienischen Kriegen mit Auszeichnung gekämpft und sich auch durch anderweitige Dienste in der jüngsten Zeit bewährt. Vorzüglich aber hatte der ältere Otto sich dem Kaiser verpflichtet gemacht und hatte durch Kühnheit und Gewandtheit oft selbst die ersten der Fürsten des Reichs überflügelt; er war der eifrigste Vorkämpfer der kaiserlichen Politik und stand auch dem Herzen des Kaisers nahe.

Deßhalb fiel Friedrichs Wahl auf Otto. Doch erst nachdem der Reichstag zu Regensburg beendigt war [1]), eröffnete der Kaiser den Fürsten seinen Entschluß. Die feierliche Belehnung wurde auf den nächsten Reichstag, der zu Altenburg stattfinden sollte, verschoben.

Ueber Land und Würden des geächteten Welfen war verfügt worden, doch das Schwerste war noch zu thun, — den Verfügungen Anerkennung und dauernden Erfolg zu verschaffen. Die jüngsten Ereignisse auf dem Kriegsschauplatze hatten gezeigt, daß Heinrichs Schwert die von der gefügigen Feder des Reichskanzlers niedergeschriebenen Verträge nicht ungefährlich bedrohe.

Am St. Jakobstag wurde der Reichskrieg gegen ihn vom Kaiser selbst eröffnet. Die Burgen in Sachsen, deren Thore sich bei dem Rufe des Reichsherolds nicht öffneten, wurden belagert. Heinrich konnte feindlichen Waffen wirksam entgegentreten, aber gefährlicher für ihn wirkte der Name des Kaisers, dem selbst „die kriegerischen Männer, die von Kindesbeinen an von Heinrich aufgezogen waren und deren Väter ihm gehorsam gedient hatten" [2]), nicht auf die Dauer zu widerstehen wagten. So gewann der Kaiser die wichtigsten Burgen [3]). Einen noch empfindlicheren Verlust erlitt der Herzog durch den Tod seines einzigen Bundesgenossen, des Pommernfürsten Kasimir, dessen Bruder und Nachfolger Bugislaw dem Kaiser hul-

---

[1]) Chron. Magni Pr. l. c. „post finitam curiam".
[2]) Arnold l. c. II c. 17.
[3]) Ann. Pegav. l. c. — Ann. Palid. l. c. — Arnold l. c.

bigte und sich mit ihm gegen den Herzog verband¹). Am 15. August hielt Friedrich einen Hoftag zu Werle, wo den Anhängern des Geächteten ein dreifacher Termin zur freiwilligen Unterwerfung gesetzt wurde²). Als Stützpunkt für die neuen Unternehmungen gegen Heinrich wurde die Zwingburg Heinrichs IV., die Harzburg, wieder aufgebaut³). Unterdessen hatten die Rheinischen Bischöfe einen vergeblichen Zug gegen die feste Stadt Braunschweig unternommen, Heinrich selbst aber hatte mit wechselndem Glück den Grafen Adolph von Holstein, der eines Zwistes wegen von ihm abgefallen war, befehdet⁴).

Am 8. September verließ Friedrich das Gebiet seines noch unbezwungenen Gegners und begab sich nach Altenburg⁵). Besonders die sächsischen Fürsten, die sich mit dem Kaiser zum Kampfe gegen Heinrich vereinigt hatten, waren dort in großer Anzahl anwesend⁶). Dahin kam auch der neugewählte Herzog von Bayern, der in diesem Jahre, wie es scheint, an dem Feldzuge gegen Heinrich noch nicht Theil genommen hatte. Nachdem Friedrichs Wahl von den Fürsten gebilligt war, wurde Otto von Wittelsbach am 16. September zu Altenburg feierlich mit dem Herzogthum Bayern belehnt⁷). Der aufsteigende Adler, den der Pfalzgraf im Siegel geführt hatte⁸), war ein glückliches Symbol für das Emporstreben des kühnen Mannes gewesen. Das Pfalzgrafenamt, das er bisher verwaltet hatte, wurde seinem jüngeren Bruder Otto, der bisher nur den Titel eines Pfalzgrafen geführt hatte, übertragen⁹). Wahrscheinlich

---

[1]) Arnold, l. c.
[2]) Ann. Pegav. l. c.
[3]) Ibid.
[4]) Arnold, l. c. cap. 16.
[5]) Ann. Pegav. l. c. — Chronic. m. ser. l. c.
[6]) Urkunde Friedrichs für d. Kl. Pforte (Thuringia sacra p. 830). Urkunde Fr. für d. Kl. Paulinzell (Stumpf, Acta Moguntina p. 93).
[7]) Annales Ratisbonenses (M. G. SS. XVII) ad. ann. 1180. — Ann. Pegav. l. c.
[8]) M. B. I. p. 364.
[9]) Chronicon St. Petri Erfurd. ad ann. 1180. Menken, Scr. Germ. III. p. 281.

erhielt auch Herzog Otto gleich dem Erzbischof Philipp von Köln eine Belehnungsurkunde, die uns aber leider verloren gegangen ist. Die Frage, ob Otto das Herzogthum Bayern als **erbliches** Lehen erhielt, läßt sich daher nicht mit Sicherheit beantworten. Besonders in der zweiten Hälfte des zwölften Jahrhunderts war die Rechtsanschauung, daß die Fürstenthümer erblich seien, immer allgemeiner geworden. Dazu trug vor Allem das Beispiel bei, das von Friedrich I. durch die klar ausgesprochene erbliche Verleihung des Herzogthums Oesterreich 1156 gegeben worden war. Auch das Herzogthum Westfalen wurde 1180 der Kölner Kirche erblich verliehen, indem Friedrich es dem Erzbischof Philipp „und allen seinen Nachfolgern" zuerkannte[1]). Zwar wird in einer Urkunde vom Jahre 1208 dem Wittelsbachischen Hause von Otto IV. das Successionsrecht noch besonders zugestanden[2]), doch schon 1205 ernennt Herzog Ludwig den Bischof von Regensburg im Fall seines Ablebens ohne Leibeserben zum Nachfolger im Herzogsamte[3]). Es läßt sich also doch die Annahme nicht abweisen, daß schon 1180 von dem Staufer dem Wittelsbachischen Hause die Herzogswürde erblich verliehen und 1208 von dem Welfenkaiser, dem Sohne des abgesetzten Bayernherzogs Heinrich, dieser erbliche Besitz nur bestätigt worden sei[4]).

Ehe wir die Stellung, in welche Otto von Wittelsbach als Herzog eintrat, und das jugendliche Aufstreben einer kräftigen Dynastie in ihren ersten Anfängen ins Auge fassen, haben wir noch einen flüchtigen Blick auf die letzten Kämpfe zu werfen, die das Schicksal Heinrichs des Löwen entschieden und die neuen Veränderungen befestigten.

Kaiser Friedrich blieb bis gegen Ablauf der den Vasallen Heinrichs gesetzten Unterwerfungsfrist (11. Nov.) in Altenburg[5]).

---

[1]) Lacomblet l. c. p. 331.
[2]) Quellen und Erörterungen rc. V p. 9.
[3]) Ibid. p. 4.
[4]) Die Worte der Urkunde: „donamus et presentis pagine privilegio confirmamus" werden häufig in Bestätigungsurkunden gebraucht.
[5]) Am 19. Okt. zu Altenburg Urkunde Friedrichs I. für b. Kl. Nonantula (Muratori, Antiquitates It. I. p. 684).

Dann begab er sich nach Erfurt, wo sich wirklich eine große Anzahl der Grafen und Ritter, die bisher für Heinrich gefochten hatten, dem Kaiser stellte[1]; auch auf seinem Zuge gegen Braunschweig wurden ihm viele feste Plätze übergeben[2]. Hierauf kehrte er nach Erfurt zurück[3].

Heinrich der Löwe versammelte seine Vasallen zu Lüneburg[4], wo er wie früher mit Graf Adolph von Holstein, nun mit Graf Bernhard von Ratzeburg sich entzweite, den er des Treubruchs und der Verrätherei bezüchtigte[5]. Die Folge davon war eine Fehde mit diesem Vasallen, die für Heinrich glücklichen Erfolg hatte, der noch immer „fest vertraute auf seine Kriegsmacht und sein gutes Glück"[6]. Doch das Jahr 1181, das seinen Sturz vollenden sollte, begann schon für ihn mit einem empfindlichen Verluste, indem die Veste Haldensleben, deren waghalsiger Befehlshaber, Bernhard von Lippe, das Erzstift Magdeburg rastlos beunruhigt und verwüstet hatte, von Erzbischof Wichmann und den ostsächsischen Fürsten nach hartnäckiger Belagerung zur Uebergabe gezwungen wurde. Nachdem der Kaiser im Frühjahr durch Bayern und Schwaben gezogen war, wurde am

---

[1] Ihre Namen finden sich in b. Urk. Friedrichs für b. Erzstift Bremen vom 16. November 1180 zu Erfurt. Die Zweifel Böhmers, ob nicht der angeführten Zeugen wegen besser 1181 zu lesen sei, sind sowohl durch den neuen Abdruck der Urkunde bei Lappenberg (Hamb. Urkdbch. p 225), wodurch die Richtigkeit der Jahreszahl constatirt ist, als auch durch eine zweite zu Erfurt am 15. November 1180 ausgestellte Urkunde Friedrichs für die Stadt Magdeburg, worin die nemlichen Zeugen, auch Graf Bernhard von Ratzeburg, aufgeführt werden, widerlegt.

[2] Ann. Pegav. l. c.

[3] Ann. St. Petri Erphesph. l. c.

[4] Arnold l. c. c. 19. — Da Graf Bernhard von Ratzeburg sich vorher schon dem Kaiser zu Erfurt gestellt hatte (siehe oben), deßungeachtet aber sich bei Herzog Heinrich wieder einfand, mithin offenbar doppeltes Spiel versuchte, ist wohl der Vorwurf, den man wegen seines Auftretens gegen Bernhard dem Herzog gemacht hat (Böttiger, Heinrich der Löwe, p. 365; auch Prutz l. c. p. 336, neigt zu dieser Ansicht hin), ein ungerechtfertigter.

[5] Arnold l. c. c. 19.

[6] Ann. Pegav. l. c. — Chron. M. ser. l. c.

24. Juni aufs Neue von ihm der Kampf gegen Heinrich eröffnet[1]) und dießmal betheiligte sich auch Herzog Otto von Bayern an dem Feldzuge[2]). Wie einst Carl der Große den Widerstand des Bayernherzogs Thassilo dadurch erdrückt hatte, daß dessen Land von drei Seiten zugleich mit fränkischen Schaaren überfluthet wurde, so wollte Friedrich den Reichsfeind im Norden durch einen ähnlichen Feldzugsplan zur Unterwerfung zwingen. Das Centrum unter dem Befehle des Kaisers selbst[3]) rückte an die untere Elbe. Um nicht im Rücken angegriffen zu werden, hatte der Kaiser die Rheinischen Bischöfe beauftragt, vor Braunschweig den Feind zu beschäftigen[4]). Herzog Bernhard und andere sächsische Fürsten wurden gegen Bardewik gesandt, um eine Erhebung der Lüneburger zu unterdrücken[5]).

Wankelmuth und Furcht unter den Vasallen Heinrichs räumten dem Zuge des Kaisers jedes Hinderniß aus dem Wege, so daß Heinrich, da er fast schon allein stand, nach Lübeck[6]), von dort aus „voll bittern Ingrimmes" nach Artlenburg, dann zu Schiff nach Stade flüchten mußte[7]). Ungehindert setzte Friedrich über die Elbe und lagerte sich vor Lübeck. Der Pommernfürst Bugislav und der Dänenkönig Walbemar erschienen hier im kaiserlichen Lager; ersterer wurde in den Reichsfürstenstand erhoben[8]), letzterer schloß mit dem Kaiser ein Bündniß, das durch eine Verlobung ihrer Kinder besiegelt wurde[9]). Die Bürger Lübecks baten den Kaiser, er möge gestatten,

---

[1]) Ann. Pegav. l. c.
[2]) Am 24. Mai 1181 übergibt Graf Conrad v. Moosburg „ea tempestate, cum imperator Fridericus et Otto tunc temporis Bawariae dux moverunt expeditionem in Saxoniam, militans sub iis," dem Stifte Moosburg ein Gut. (Traditionscoder d. Stiftes St. Castulus. Oberbayr. Archiv II. p. 40).
[3]) Arnold l. c. cap. 20 sagt, daß große Schaaren Bayern bei dieser Heeresabtheilung waren; vermuthlich befand sich Herzog Otto selbst bei ihnen.
[4]) Ann. Stederburg l. c.
[5]) Arnold l. c. cap. 20.
[6]) Ibid.
[7]) Ibid. — Ann. Pegav. l. c.
[8]) Arnold l. c. cap. 21.
[9]) Ibid.

daß Lübecker Bevollmächtigte unter sicherem Geleit zu ihrem Herzog abgingen, um von diesem sich Verhaltungsmaßregeln einzuholen. Der Kaiser bewilligte zwar ihre Forderung, verwies ihnen aber mit scharfem Tadel ihre frevelhafte Treue für den Geächteten. „Wenn ihr sagt," läßt Arnold von Lübeck, hier ein sicherer Gewährsmann, den Kaiser in seiner Antwort sprechen[1]), „wir möchten doch Geduld haben mit unsrem Vetter, dem Herzoge, so wisset, daß wir gegen ihn stets wunderbare Geduld und Milde geübt haben. Dadurch mit Hochmuth erfüllt, hat er die Gnade, die er fand, in Eitelkeit empfangen, ja er hat selbst nicht einmal Gottes überschwengliche Gnade gegen ihn erkannt, wie er sollte. Deßhalb müßt ihr wissen, ist er von Gott gedemüthigt; denn eines so übermächtigen Mannes Sturz ist nicht durch unsre Macht bewirkt, sondern vielmehr eine Vergeltung aus der Hand des allmächtigen Gottes!" — Heinrich der Löwe, gebrochen durch das von allen Seiten auf ihn eindringende Unheil, ertheilte selbst den Befehl, die Stadt dem Kaiser zu übergeben; der Kaiser hielt einen feierlichen Einzug in Lübeck, das er zur freien Reichsstadt erhob[2]), und kehrte dann nach Lüneburg zurück.

Jedes Schimmers von Macht und Hoheit beraubt, vom Klerus verketzert, vom Reiche geächtet, von seinen Freunden verlassen, von seinen Feinden verhöhnt, gab endlich Heinrich den Widerstand auf[3]) und suchte einen Theil zu retten, wo Alles nicht mehr behauptet werden konnte. Mit Bewilligung des Kaisers kam er nach Lüneburg, von wo aus er durch Boten den Kaiser, der sich nach Goslar zurückgezogen[4]) hatte, zu besänftigen suchte[5]); er entließ zugleich auch die gefangenen Thüringer Landgrafen aus ihrer Haft[6]). Friedrich wies keineswegs den Versuch zur Verständigung zurück und setzte einen

---

[1]) Arnold l. c. cap. 21.
[2]) Ibid.
[3]) Zum letztenmal ist er als „Herzog von Bayern und Sachsen" unterzeichnet in einer Urkunde über eine Schenkung an das Kloster Nordheim, ausgestellt zu Nordheim am 11. Aug. 1181. (Stumpf, Acta Moguntina p. 94).
[4]) Ann. St. Petri Erphesph. l. c.
[5]) Arnold l. c. cap. 21.
[6]) Ibid.

Tag nach Quedlinburg an, wo ein Fürstenbeschluß über Heinrichs Schicksal entscheiden sollte. Heinrich erschien, doch Herzog Bernhard hintertrieb die Beendigung des Streites; es wurde deßhalb ein neuer Tag nach Erfurt anberaumt¹). Als der Kaiser gegen Ende November²) daselbst erschien, mußte er den sächsischen Fürsten einen feierlichen Eidschwur ablegen, den Welfen nie mehr in seine frühere Stellung einsetzen zu wollen. Sobald Heinrich der Löwe vor dem versammelten Gericht erschien, warf er sich dem Kaiser zu Füßen und bat um Gnade. Friedrich hob ihn vom Boden auf, küßte ihn und beklagte mit Thränen in den Augen, daß so lange Streit zwischen ihnen herrschen konnte und daß Heinrich selbst so herbe Strafe sich zugezogen hatte³). Was der Kaiser, ohne frühere Bestimmungen und den jüngst beschworenen Eid zu verletzen und dem Gestürzten neuerdings eine gefährliche Machtstellung zu verleihen, zu Gunsten Heinrichs thun konnte, geschah. Obwohl Heinrich über Jahr und Tag in der Reichsacht geblieben, wurden ihm doch seine Erbgüter als freies Besitzthum überlassen⁴). Seine Herzogthümer waren und blieben ihm abgesprochen⁵). Dagegen wurde

---

¹) Ibid. c. 22.

²) Urkunde für das Kloster Kapellendorf, am 27. Nov. 1181 zu Erfurt ausgestellt. (Avemann, die Burggrafen von Kirchberg p. 10.) Urkunde für die Kirche zu Lausnitz, an demselben Tage ausgestellt. (Boehmer, Acta imperii selecta p. 132).

³) Arnold l. c. — Von Arnold von Lübeck an bis in die neueste Zeit fehlte es nie an solchen, die in der Rührung und den Thränen Friedrichs bei dieser Scene nichts als ein geschicktes Komödiantenstückchen sehen wollten. Doch innere Genugthuung über die Bestrafung eines Beleidigers schließt wahres Mitleid in der Brust des Beleidigten nicht aus: warum sollte in dem Staufer, der nie unedelmüthige Gesinnung verrieth, der so überraschende Wechsel des Glückes nicht mildere Empfindungen wachgerufen haben? Deßhalb sind Urtheile Wielands (Versuch einer Gesch. b. deutschen Staatsinteresses II. p. 249) und Anderer, die den Kaiser eines niedrigen Betragens gegen den Unterworfenen zeihen, ja sogar in Heinrichs Niederlage einen Sturz der deutschen Freiheit ꝛc. sehen wollen, unbedingt zu verwerfen.

⁴) Arnold l. c. — Ann. St. Petri Erphesph. l. c.

⁵) Die Ann. Colon. max. l. c. berichten, daß ihm auch der Herzogstitel entzogen worden sei. Allein Heinrich hat nie aufgehört den Herzogstitel

er von der Reichsacht gegen ein eidliches Gelöbniß, drei Jahre das Reich zu meiden, gelöst¹). Auch dieser bitteren Bedingung mußte Heinrich sich fügen; im nächsten Sommer verließ er seine Lande und ging in die Verbannung zu seinem Schwiegervater, dem König Heinrich II. von England, der sich eben damals in der Normandie aufhielt und nach dem Sturze seines Schwiegersohns vergeblich versucht hatte, eine Begnadigung desselben bei dem Kaiser zu erwirken²).

Die Fürsten waren „freudig" von Erfurt in ihre Länder zurückgekehrt³), deren unabhängiger Besitz ihnen jetzt erst gesichert war. Herzog Otto von Bayern wird nicht unter den auf den Tagen von Quedlinburg und Erfurt anwesenden Fürsten genannt, so daß wir annehmen dürfen, daß er nach Beendigung des Feldzugs schon nach Bayern zurückgekehrt sei, weil ihm eine längere Abwesenheit vielleicht noch nicht ganz ungefährlich scheinen mochte.

In Bayern hatten sich nämlich nach der Erhebung Ottos mehrere Grafen und Edle, sei es, daß sie in Einverständniß mit Heinrich dem Löwen standen, sei es, daß sie die Erhöhung eines ihnen ebenbürtigen Hauses mit mißgünstigen Augen betrachteten, sei es, daß sie von Otto strengeres Regiment, als von dem meist im Norden Deutschlands weilenden Heinrich befürchteten, gegen den neuen Herzog erhoben und ihm die Huldigung verweigert⁴). Noch im November 1180 berief Herzog Otto die bayrischen Großen zu einem Landtag nach Regensburg, nachdem er schon vorher zu Eichstädt einen Gerichtstag abgehalten hatte⁵), aber leider sind wir weder

---

zu führen und selbst die Reichskanzlei zeigt große Unsicherheit; während sie ihn einigemal bloß „den edlen Herrn Heinrich von Braunschweig" nennt, legt sie ihm hinwieder auch den Titel eines „Herzog von Braunschweig" bei. (Ficker, vom Reichsfürstenstand p. 189).

¹) Arnold l. c. — Ann. Stadens. l. c. — Ann. Colon. max. l. c.
²) Sigeberti Cont. Aquicinct. l. c. ad ann. 1181.
³) Chron. Sanpetrin. Erfurd. l. c.
⁴) Contin. Zwotl. alt. M. G. SS. IX p. 541. Auch die Nachricht des Burchard von Ursperg (l. c. p. 78), daß Otto glücklich seine Rechte im Kampfe mit Heinrich dem Löwen behauptet habe, wird sich wohl auf diesen Streit mit Heinrichs Anhängern beziehen.
⁵) Pez, Thes. anecdot. l. c. p. 181.

über die Namen der Anwesenden, noch über die Landesangelegenheiten, die ohne Zweifel dort erwogen wurden, benachrichtigt, wie überhaupt unser ganzes Quellenmaterial für die kurze Regierungsperiode Ottos nur aus wenigen Urkunden dürftigen Inhalts besteht. Wir kennen daher auch die Art des Ausgangs jener Erhebung gegen den neu Gewählten nicht; vielleicht bewog die Nachricht davon den Kaiser, der das Weihnachtsfest 1180 in Erfurt gefeiert hatte, im Anfang des nächsten Jahres sich nach dem Süden zu begeben. Im Februar berief er die Fürsten und Großen zu einem Reichstag in Nürnberg, wo sich außer Herzog Otto auch dessen Brüder Conrad und Otto, die Bischöfe von Regensburg, Passau, Eichstädt und Bamberg, Markgraf Berthold von Istrien und sein Sohn Herzog Berthold von Meran, Margraf Berthold von Vohburg und sein Bruder Friedrich, Landgraf Otto von Stevening, Burggraf Friedrich von Regensburg und sein Bruder Otto, Graf Leopold von Plein und sein Bruder, Graf Conrad von Vilstein und Graf Conrad von Dornberg einfanden [1]). Es ist vermuthlich schon damals gelungen, die Wider= spenstigkeit jener Großen zu brechen, da Herzog Otto im Laufe des Frühjahres an dem Feldzug gegen Heinrich den Löwen Theil nehmen konnte, dessen glücklichen Erfolg wir kennen. Zur Verherrlichung des Sieges über Heinrich den Löwen wurde in Bayern eine Münze geprägt, nach dem Beispiele, welches Herzog Leopold nach der Ab= setzung des Herzog Heinrich des Stolzen gegeben hatte. Wie nemlich 1138 Münzen geschlagen wurden, deren eine Seite einen Krieger mit gespanntem Bogen darstellt, der eben einem Löwen (Geschlechts= zeichen der Welfen überhaupt, nicht bloß Heinrichs des Löwen) den Pfeil in die Brust schießt und zugleich mit dem Fuße nach ihm stößt, so ließ auch jetzt Herzog Otto auf Münzen den Kampf mit dem Löwenherzog darstellen. Mit dem hohen Herzogshelm, mit Schild und Schwert bewaffnet, bringt Otto auf einen fliehenden

---

[1]) Sie sind Zeugen in der Urkunde Friedrichs für d. Kl. Kremsmünster, dem die welfischen Schenkungen bestätigt werden. (Scheid, Orig. Guelfic. III. p. 525.)

Löwen ein; die Rückseite der Münze zeigt den Wittelsbacher als Schwertträger der kaiserlichen Majestät [1]).

Soviel man aus dem dürftigen Material über die Regierungsthätigkeit Ottos ersehen kann, hat schon dieser, wie nachmals sein Sohn Ludwig, sich jene Grundsätze zur Richtschnur gestellt, die den Nachfolgern zu einer festen Stellung den bayrischen Großen gegenüber verhalfen. Otto tritt uns während seiner herzoglichen Regierung fast ausschließlich als Richter entgegen im Kreise der Großen und Vasallen seines Landes. Ohne die secessionistischen Gelüste, die überall im Reiche am Ende des zwölften Jahrhunderts hervorbrechen, zu dulden, gewährte er den Herren Antheil an den Regierungsgeschäften und zog sie im Vergleich mit den Regierungsmaximen Heinrichs des Löwen auffallend oft zu Landtagen und Gerichtstagen heran. Daraus erwuchs dem Herzogthum in Bayern der Sieg über die Großen des Landes, während in andern Ländern das Gegentheil erfolgte. In Bayern erhielt sich der Begriff „Fürsten des Landes" am längsten [2]) und man hielt in der herzoglichen Kanzlei mit unverkennbarer Hartnäckigkeit an dieser Bezeichnung fest, während der Gebrauch, den Ausdruck „Fürst" auf die Großen einzelner Reichsprovinzen anzuwenden, schon allenthalben im Reiche verschwunden war und sich ungefähr seit dem Jahre 1180 ein neuer Reichsfürstenstand entwickelt hatte, bei dem, ohne Rücksicht auf Amtslehen, der Umstand, keines Laienfürsten Mann zu sein, entscheidend wirkte [3]). Wie glücklich die ersten Wittelsbacher in ihren auf Consolidirung der herzoglichen Gewalt gerichteten Bestrebungen waren, wird am besten ersichtlich, wenn man die Mißerfolge Bern-

---

[1]) Obermayr, Hist. Nachrichten über bayr. Münzen tab. VII. Obermayr (l. c. p. 186) will auf einer solchen Münze entdeckt haben, daß der Kaiser, der auf einem Throne sitzt, ein kleines Thier, also vermuthlich einen Löwen, mit Füßen trete. Auf den besser erhaltenen Münzen im k. bayr. Münzkabinet ist aber ziemlich deutlich sichtbar, daß der Kaiser bloß ein Kissen zu seinen Füßen habe.

[2]) So 1184 (M. B. II. p. 257), 1204 [Quellen u. Erörtergn. V. p. 1] ꝛc. Chron. Magni Presb. (M. G. SS. XVII) ad ann. 1209 etc.

[3]) Ficker, vom Heerschild p. 117. — Ficker, vom Reichsfürstenstand I. p. 131.

hards von Anhalt, der gleichzeitig mit Otto von Wittelsbach sein neues Amt in Sachsen angetreten hatte, wo er allerdings auch rauheren Boden vorfand, zum Vergleich herbeizieht. „Zu der Zeit war kein König in Israel; ein Jeglicher that, was ihm recht däuchte! Denn nach der Vertreibung des Herzogs Heinrich, der allein im Lande übermächtig war und die größte Sicherheit hergestellt hatte, ... regierte Jeder wie ein Tyrann an seinem Orte und that entweder selbst seinem Nächsten Gewalt an oder erduldete sie. Herzog Bernhard aber, der die erste Stelle einzunehmen schien, handelte ohne Kraft und er, der früher, als er nur noch die Grafenwürde hatte, der rüstigste unter seinen Brüdern war, verfuhr jetzt, da er zum Herzog erhoben war, nicht wie ein wahrer regierender Fürst, sondern er entartete wie ein nur aus zufälligen, äußerlichen Gründen Obenangesetzter und benahm sich, in der Meinung, er müsse sich friedliebend zeigen, durchaus lässig und schlaff. Daher wurde er auch weder vom Reiche seiner Stellung gemäß verehrt, noch von den Fürsten und Edlen des Landes als der Erste geachtet." So charakterisirt der allerdings nicht ganz unparteiische Arnold von Lübeck[1]) die herzogliche Stellung Bernhards in Sachsen.

Ottos unermüdliche richterliche Thätigkeit, die sich auf alle Theile seines Landes erstreckte, macht erklärlich, daß er keinen ständigen Aufenthaltsort hatte. Regensburg war zwar noch immer Hauptstadt des Herzogthums und Versammlungsort der bayerischen Großen zu wichtigen Landtagen, doch war es bei dem Wachsen seiner städtischen Freiheiten nicht mehr „Wohnsitz der Herzoge," wie es noch Otto von Freising nannte[2]).

Herzog Otto hielt gewöhnlich Hoflager auf seinen Burgen Wartenberg bei Erding[3]), Landshut[4]) &c. Außer den Land- und Hoftagen hielt er auch persönlich Gericht auf den Stifts- und Klosterhöfen, auf welchen ihm die Schirmvogtei zustand. So bestätigte er im Jahre 1181 als Schirmvogt des Klosters Freising

---

[1]) l. c. lib. III. cap. 1.
[2]) De gestis Friederici I. lib. II. cap. 28.
[3]) M. B. IX. p. 468.
[4]) M. B. VIII. p. 519.

die bedeutenden Schenkungen, die Bischof Albert seiner Kirche übertrug¹). Als Vogt des Klosters Weihenstephan entschied er auf der Burg Wartenberg über einen Streithandel des genannten Klosters mit einem gewissen Conrad von Lupburg²). Da die Sache dort nicht geschlichtet werden konnte, wurde sie auch auf Gerichtstagen des Herzogs zu Breitenwiesen³), zu Pfater⁴) und zu Regensburg⁵) verhandelt und endlich beigelegt, ohne daß der Charakter dieser Gerichtstage genauer zu bestimmen wäre. Als Vogt des Klosters Ebersberg tritt er um die nemliche Zeit als Zeuge bei einer Schenkung an jenes Kloster auf⁶), ebenso als Haupt der Scheirenfamilie als Zeuge bei einer Schenkung des Grafen Ekkehard von Scheiren, seines Oheims, für das Kloster Scheiern⁷).

Dagegen wird der Tag zu Pleinting⁸) bei Vilshofen, auf welchem Herzog Otto über die Ansprüche, welche Graf Siboto von Neuenburg im Namen seiner Gemahlin Hildegard von Meglingen auf die Burg Meglingen erhob, ausdrücklich als „Landtag" bezeichnet; „nach Spruch des Landtages" wird das Urtheil gefällt⁹). Von den bayrischen Großen waren dort anwesend der Pfalzgraf Otto von Wittelsbach, die Grafen von Neuenburg, Moosburg, Dornberg und zahlreiche Edle. Auch der Tag zu Amberg läßt sich wegen der Menge der dort anwesenden Fürsten als Landtag erkennen. Zu Amberg gab eine gewisse Judith ihre Güter in Falkenstein und Herrnstein in den Schutz des Herzogs Otto, unter der Bedingung, daß er keine Verfügung damit gegen den Willen des Bischof Conrad von Regensburg treffen solle; als Zeugen der darüber ausgestellten Vertragsurkunde sind unterzeichnet die Bischöfe von Bamberg und

---

¹) Meichelbeck l. c. I. p. 367.
²) M. B. IX. p. 468.
³) M. B. IX. p. 469.
⁴) Ibid.
⁵) Ibid.
⁶) Oefele, Script. rer. Boic. II. Cod. trad. Ebersp. n. 215.
⁷) M. B. X. p. 399.
⁸) Plinttingen findet sich im Codex Falkenstein (im Münchner Reichsarchiv) nicht „Pietingen", wie es im Abdruck lautet.
⁹) Hund, Metrop. Salisb. III. p. 294.

Passau, der Markgraf Berthold von Istrien, der Pfalzgraf Friedrich von Wittelsbach, die Grafen von Plain, Frontenhausen und Neuenburg ꝛc. ꝛc. [1]). In einer spätern Versammlung zu Amberg erwirkte Herzog Otto vom Bischof Conrad, daß ihm selbstständige Verfügung über die Güter in Falkenstein ꝛc. zustehen sollte. Als Zeugen traten bei der Vertragsurkunde die Grafen von Wasserburg, Neuenburg, Bogen, Tolnstein, Regensburg, Plain und Frontenhausen und sehr viele Edle auf. Als aber Herzog Otto sich dann von Amberg nach Teugen bei Kelheim wandte, um dort Gerichtstag zu halten (Teugen lag in seiner Grafschaft im Kelsgau), eilte ihm Bischof Conrad von Regensburg nach und bat, den eben geschlossenen Vertrag betreffs der Güter in Falkenstein ꝛc. dahin umzuändern, daß Graf Altmann von Abensberg die genannten Besitzungen erhalte, und Otto gewährte seine Bitte [2]). Auf diesem oder einem früheren Landtage wandte sich eine Frau Richardis von Nußdorf an den Herzog mit einer Klage wegen eines ihr widerrechtlich vorbehaltenen Gutes. „Nach Spruch der Fürsten" wurde ihre Klage als begründet anerkannt und „nach bayrischem Recht" (secundum legem bavaricam) verhalfen Richter und Bevollmächtigte des Herzogs der Klägerin zur Besitznahme des Gutes [3]).

Erst nachdem die Ordnung des Landes befestigt war, begleitete Otto wieder den Kaiser auf Hof- und Reichstage [4]) und war auch bei dem Abschluß des Friedens zwischen dem Kaiser und den Lombarden zu Constanz im Juni 1183 thätig. Die Unterzeichnung der Friedensakte vom 25. Juni 1183 ist der letzte politische Akt Ottos [5]), der als Jüngling und Mann mit Wort und Schwert in

---

[1]) Hund l. c. III. p. 502.
[2]) Ibid.
[3]) M. B. VI. p. 133.
[4]) Als Zeuge des Kaisers tritt er auf am 21. Mai 1182 zu Mainz (Böhmer, Acta imperii selecta p. 133), am 22. Juni 1182 zu Mainz (Notizenblatt z. Arch. f österr Gesch. I p. 148), am 26. Sept. 1182 zu Regensburg (M. B. XXIX. p. 446), am 29. September 1182 zu Regensburg (M. B. XXVII, 32), am 30. Mai 1183 zu Eger (M. B. VIII. 518), am 5. Juni 1183 zu Regensburg (Ann. August. min. M, G. 88, X, p. 9.)
[5]) M. G. LL. II. p. 175.

Italien so tapfer und erfolgreich für das Reich gekämpft hatte. Er starb zu Pfullendorf am 11. Juni 1183 [1]). „Zu seinen Zeiten genoß Bayern Frieden und ungestörte Wohlfahrt!" berichtet Conrad von Scheiern [2]). Kann die Geschichte einem Fürsten schöneres Lob spenden?

Auf dem Wege Ottos fortschreitend, durch kluge Politik den Großen des Landes, wie dem Reichsoberhaupte gegenüber und durch Vergrößerung der Hausmacht brachten die Nachfolger Ottos das Herzogthum Bayern zu höherer Bedeutung, als es je vorher besaß. Auf neuer Grundlage entwickelte sich ein neuer Bau, dessen Festigkeit sich in den Kämpfen der Staufer im dreizehnten Jahrhundert bewährte.

---

[1]) Ann. Aug. min l. c. Necrolog. Windsberg. et Undersdorf. Böhmer, Wittelsbach. Regesten p. 1.
[2]) M. G. SS. XVII. p. 621.